卡尔·威特的教育

[德] 卡尔·威特

著

尹丽华

编译

四川人民出版社

图书在版编目(CIP)数据

卡尔·威特的教育 / (德) 卡尔·威特著；尹丽华编译. — 成都：四川人民出版社，2021.3
ISBN 978-7-220-12268-2

Ⅰ.①卡… Ⅱ.①卡… ②尹… Ⅲ.①儿童教育-家庭教育 Ⅳ.①G78

中国版本图书馆 CIP 数据核字(2021)第 035507 号

KAER·WEITE DE JIAOYU
卡尔·威特的教育

(德) 卡尔·威特/著　尹丽华/编译

责任编辑	邹　近
技术设计	松　雪
封面设计	松　雪
责任印制	李　剑
出版发行	四川人民出版社(成都市槐树街2号)
网　址	http://www.scpph.com
E-mail	scrmcbs@sina.com
新浪微博	@四川人民出版社
微信公众号	四川人民出版社
发行部业务电话	(028)86259624 86259454
防盗版举报电话	(028)86259624
印　刷	三河市泰丰印刷装订有限公司
成品尺寸	143mm×208mm
印　张	6
字　数	136 千
版　次	2021 年 3 月第 1 版
印　次	2021 年 3 月第 1 次
书　号	ISBN 978-7-220-12268-2
定　价	36.00 元

人们都说我儿子是天才，不是我教育的结果。倘若上帝真给了我一个天才的儿子，这是上帝对我的仁慈，再没有比这更幸福的了。然而，实际上绝非如此。

很多人都不相信我的话，连我的许多亲友也不相信。相信我的话的只有一个人，他就是已故的格拉彼茨牧师。格拉彼茨牧师自幼与我交好，是最了解我的人。他曾经说过："正如你所说的，威特的非凡禀赋确实不是天生的。他之所以能成为天才，完全是你教育的结果。看到你的教育方法，威特能成为这样一个天才就不足为奇了。而且威特今后一定会更加轰动世界。我了解你的教育方法，你的教育方法最终一定会取得最大的成功。"还有，下述事实将更好地证实我的说法。

在孩子生下来之前，玛得布鲁特市的几个青年教育家和分散在市与市周围的几个青年牧师，共同发起组织了一个探讨教育问题的学会。由于格拉彼茨牧师是该会会员，在他的介绍下我也成了一名会员。

有一次，一个人在会上提出这样一种论调："对于孩子来说，最重要的是天赋而不是教育。教育家无论怎样拼命施教，其作用也是有限的。"我因为很早就持有与此完全相反的意见，就反驳说："不对，对于孩子来说最重要的是教育而不是天赋。孩子成为天才还是庸才，不是决定于天赋的多少，而是决定于生下来后到五六岁时这一阶段的教育。诚然，孩子的天赋是有差异的，然而这种差异是有限的。所以，不用说生下来就具备非凡禀赋的孩子，就是那些具备一般禀赋的孩子，只要教育得法，也都能成为非凡的人。爱尔维修说过：'即使是普通的孩子，只要教育得法，也会成为不平凡的人。'我坚信这一论断。"

这一下，我成了众矢之的，他们一起向我进攻。于是我说："你们有十三四个人，而我只有一个人，我是寡不敌众的，是辩不过你们的。所以与其跟你们辩论，莫如拿出证据来给你们看看。只要上帝赐给我一个孩子，而且你们认为他不是白痴，那我就一定要把他培养成非凡的人。这就是我由来已久的决心。"他们回答说："行。"

会议结束后，希拉得牧师邀请我到他家谈谈，我就与格拉彼茨牧师一起去了，并继续讨论会上的问题。然而仍然是毫无结果，我只是不断地重复着在会上已经说过的话。

在会上一直沉默不语的格拉彼茨牧师现在却旗帜鲜明地支持我了。他说："我确信，威特君的誓言一定会取得相当的成功。"可是希拉得牧师断言，那是不可能的。

其后不久，我有了儿子。格拉彼茨牧师立刻把这个消息通知了希拉得牧师，希拉得牧师又把这个消息告诉了其他会员。于是他们都注意我儿子的成长，那意思是：好，这回看你的本事了！每次见到我和格拉彼茨牧师，他们就问："怎么样，有希望吗？"

对此，我和格拉彼茨牧师总是回答说："是的。"他们却依然以怀疑的眼光注视着。

儿子长到四五岁时，我得到一个机会，让希拉得牧师看看我的儿子。"哎呀，真是个好孩子！"他一下子就喜欢上我的孩子了。这时，他已看出我儿子不是个普通的孩子。其后，由于孩子的学业进步非常快，他渐渐相信我的学说了。

感谢上帝，我的心血没有白费，我的辛苦付出终于结下了硕果。

朋友们对我的教育方法很关注，常常用谈话或通信的方式来鼓励我，他们总是在我最需要的时候慷慨地给我支持和帮助。因此我常常被他们的好意所感动，有时甚至感动得流泪。

应该说，我的成功大半在于他们的同情和支持。因此，我终生难以忘却他们对我的一片好心。

我的朋友们都希望我把我的教育方法编写成书公之于众，而我屡屡拒绝，但是到最后还是被他们说服了，他们的好意是无法抗拒的。为了答谢朋友们的关心，我下决心将自己的教育方法公开。

不过，我不能断言，运用我的教育法的人就一定能像我一样获得成功。另外，也没有必要让旁人的孩子都像我儿子一样接受那样的教育。

诚然，儿童教育方面的书在欧洲是非常多的，尽由一些大教育家写作出来。而我——老卡尔·威特，哈勒附近一个叫洛赫的小小村庄的牧师，作为一名神职人员，充当上帝与凡人之间的信使才是我的天职——竟来写作一本教育孩子的书，何况下面发的一些议论可能会与教义格格不入，这无疑是不得体的且是不合时宜的。但是我相信，不管谁使用我的教育法，肯定都会取得良好的效果。

我之所以决定将我的教育思想和实践在这里诚实地写出来：因为我对现时流行于世的教育思想不仅不敢苟同，而且站在与之完全相反的立场上。我以为这样才能显示我对上帝的忠诚。

为了消除对我写作此书的资格的质疑，请允许我首先向诸位介绍我的儿子——小卡尔·威特的经历。小卡尔出生于1800年7月，八九岁时他已经能够自由运用德语、法语、意大利语、拉丁语、英语和希腊语6种语言，也通晓化学、动物学、植物学和物理学，而他尤为擅长的是数学；9岁时他考入莱比锡大学；10岁进入哥廷根大学，他于1812年冬天发表了关于螺旋线的论文，受到一些学者的好评；13岁时他出版了《三角术》一书；1814年4月，他因提交的数学论文优异而被授予哲学博士学位。

我和我的妻子一直盼望着得到自己的孩子，但是在这方面我们非常不幸，我们的第一个孩子出生没几天就夭折了，这使我们想再次拥有孩子的愿望变得愈加强烈。也许这个愿望终于感动了上帝，在我52岁时，我们的第二个孩子出生了。我给儿子取名为卡尔·威特，以表达我的喜悦之情。可是他并不是一个称心的婴儿。儿子一生下来就四肢抽搐，呼吸急促，虽然我不愿意承认，但这孩子明显先天不足。

婴儿时期的卡尔反应相当迟钝，显得极为痴呆。我无法掩饰作为父亲的悲伤，曾经哀叹："这是遭的什么样的罪孽呀！上帝怎么给了我这样一个傻孩子呢？"我的邻居们常常劝我不要为此过分担忧。他们是一些善良的人，可是在心底里的确认为卡尔是个白痴，而且还在背地里为孩子的未来和我们的处境犯愁。

我对他们并无丝毫的抱怨之辞。当时就连卡尔的母亲也不赞成我再去花工夫培养儿子了，她绝望地说："这样的傻孩子教育他也不会有什么出息，只是白费力气罢了。"

我尽管很悲伤，可是没有绝望。上帝怎样去安排这孩子谁都无能为力，但我却要尽到做父亲的责任，尽我的能力给他最好的教育。我在给我堂弟的信中写道："我52岁才得到一个儿子，怎么会不爱他呢？我要用我以为正确的方法去爱他。我已制订出周密而严格的教育方案。现在儿子看起来虽然毫无出色之处，但我必将他培养成非凡的人。"

很多人都不相信我的话，甚至我的许多亲友都不相信。可以说，他们一直以一种怀疑的眼光注视着卡尔的成长过程，直到这场我在自己儿子身上所做的"天才是天赋的还是后天培养的"试验产生了明显的结果。

小卡尔已经获取了这样非凡的成就，而我不得不说，他在今后还会获得更为非凡的成就。虽然人应该以谦逊为美德，但是我对用自己的一套方法教育出来的孩子有坚定的信心。

在前面说了这么多，诸位一定觉得过于啰唆。我的思想与时下流行的完全不同，在培养儿子的过程中，一直受到教育家的怀疑，也许是因为我的教育观念冒犯了这些权威已成型的信条吧。

好在我从未动摇过自己的信念，我始终坚信，只要教育得法，大多数孩子都会成为非凡的人才。事实也证明了这一点，连我的儿子这样一个生下来毫不出色的孩子，在经过精心培养以后，也能获得如此成功。

可是人们似乎并不理解。在我的孩子成名以后，人们只是一味谴责其他教育家的无能，甚至责怪他们为什么不能把孩子教育成像卡尔那样的人。这样其实毫无益处，只会让那些教育家对我更加敌视。

我写作此书的目的既是为了减少反对派对我的敌视，也是为了向人们阐明正确的天才观。我要说的观点只有一个：对于孩子来讲，倘若家庭教育不好，就是由那些最优秀的教育家进行最认真的教育，也不会有好的效果。

目录
contents

第一章 | 儿子的天生禀赋与后天教育

002　儿童潜能的递减法则

006　一切取决于如何养育孩子

009　我的儿子是刚刚萌芽的幼苗

014　从儿子出生那天就开始教育

019　给儿子营造最好的生长环境

第二章 | 从儿子出生就开发他的智力

026　母乳之外，给儿子合适的饮食

028　尊重他的胃口

031　保持儿子健康的心情

035　从我们身边的实物开始

039　与儿子的心灵相接触

第三章 | 给孩子游戏和成长的空间

046 我用游戏的方式教育儿子

053 在游戏中培养孩子的各种能力

058 让孩子在游戏中学会与别人合作

062 我与儿子一起玩游戏

068 我告诉儿子：游戏只是游戏

第四章 | 培养孩子好的性格

076 性格也是能力

084 儿子的事情，让他自己做

087 给孩子独立思考的空间

093 孩子的性格决定他成长的方向

第五章 │ **让孩子在赏识中前进**

100 多用赞赏和诱导的方式

105 教儿子学会面对失败和挫折

108 把握好夸奖和责备的尺度

113 让孩子在赏识中成长

第六章 │ **我如何培养儿子好的品德**

120 提高儿子对善恶的判断能力

124 用爱陶冶孩子的品行

128 让儿子懂得同情和关怀

132 教育孩子信守自己的诺言

137 让孩子懂得赚钱的艰难

第七章 | 我教孩子与人相处的本事

144 避免以自我为中心

149 相互理解的力量

153 与各种年龄的成年人都能自由交往

155 孩子学会与人合作的几种方法

第八章 | 教孩子具备良好的心理素质

162 锻炼孩子的意志

167 让儿子摆脱对我们的依赖感

172 我教儿子怎样控制自己的感情

174 让儿子的心中充满光明

第一章

儿子的天生禀赋与后天教育

人刚生下来时都一样，仅仅由于环境，特别是幼小时期所处的环境不同，有的人可能成为天才或英才，有的人则变成了凡夫俗子甚至蠢材。即使是普通的孩子，只要教育得法，也会成为不平凡的人。

儿童潜能的递减法则

　　即便在小卡尔经过教育后表现出许多优于寻常儿童的方面，仍有许多人认为，他的才能是天生的，并非教育的结果。对此，我感到实在无可奈何。儿子出生时的情形，我在前面已经描述过了，诸位可以看出他不仅不是什么天才，反而像是个痴呆的孩子。

　　看着儿子这种情况，我既伤心又着急，但并没有放弃自己的主张。为了让儿子在成长中不至于落在同龄人后面，我决定仍然按计划进行早期教育的试验。我想，既然这孩子天生的禀赋不太好，那么就一定要尽力使孩子的禀赋发挥出八九成，甚至更多。要做到这一点，对儿子的教育必须与儿子的智力曙光同时开始。

　　那么，为什么早期教育能够造就天才呢？要明白这个道理，就要从儿童的潜在能力谈起。根据生物学、生理学、心理学等学科的研究，人生来就具备一种特殊的能力。不过，这种能力是隐秘地潜藏在人体内，表面上是看不出来的，我们称这种能力为潜在能力。比如，这里有一棵橡树，如果按照理想状态生长的话，可以长到30米高，那么我们就说这棵树具有能够长到30米高的可能性。同样的道理，一个儿童，如果按照理想状态成长，能够长成一个具有100度能力的人，那么我们就说这个儿童具备100度的潜在能力。

这种潜在能力就是天才。因此，天才并不是我们平常所认为的那种只有少数人才具有的禀赋，而是人人内心都潜藏着的。

可是，要达到理想状态，总是很不容易。即使橡树具备长到30米高的可能性，要真长到30米高还是很困难，一般可能长到12米或者15米。假若环境不好，则只能长到6 ~ 9米。不过，如果给它施肥，好好侍弄，则可以长到18米或者21米，甚至也可以长到24米或27米。同样的道理，即使是生来具备100度能力的儿童，如果完全放任不管，充其量也只能变为具备20度或者30度能力的成人。也就是说，只能达到其潜在能力的两成或者三成。但是，如果教育得好，那么就可能达到具备60度或者70度，乃至80度或者90度的能力，也就是说可能实现其潜在能力的六成或者七成，甚至八九成。

需要提醒诸位注意的是，儿童虽然具备潜在能力，但这种潜在能力是有着递减法则的。比如说生来具备100度潜在能力的儿童，如果从一生下来就给他进行理想的教育，那么就可能成为一个具备100度能力的成人。如果从5岁开始教育，即便是教育得非常出色，那也只能成为具备80度能力的成人。而如果从10岁开始教育的话，教育得再好，也只能达到具备60度能力的成人。这就是说，教育开始得越晚，儿童的能力实现就越少。这就是儿童潜在能力的递减法则。

产生这一法则的原因是这样的，每个动物的潜在能力，都各自有着自己的发达期，而且这种发达期是固定不变的。当然，有的动物潜在能力的发达期是很长的，但也有一些动物潜在能力的发达期是很短的。不管哪一种，如果不让它在发达期发展的话，那么就永远也不能再发展了。例如小鸡"追从母亲的能力"的发达期大约是在出生后4天之内，如果在这期间不让它发展，那么这种能力就永远不会得到发展了。所以如果把刚出生的小鸡在最初4天里不放在母鸡身边，那么它就永远不会跟随母亲了。小鸡"辨别母亲声音的能力"的发达期大致在出生后的8天之内，如果在这段时间里不让小鸡听到母亲的声音，那么这种能力也就永远枯死了。小狗"把吃剩下的食物埋在土中的能力"的发达期也是有一定期限的，如果在这段时间里把它放到一个不能埋食物的房间里，那么它的这种能力也就永远不会具备了。

我们人的能力也是这样。最著名的例子是英国司各特伯爵的儿子。司各特伯爵夫妇携带他们的新生婴儿出海旅行，行至非洲海岸时遇到大风暴，船被巨浪打翻，全船的人都遇难了，只有司各特伯爵夫妇带着儿子爬上了一个海岛。那是个无人的荒岛，岛上长满了热带丛林。司各特伯爵夫妇很快就被热带丛林里的各种疾病夺去了生命，只留孤零零的小司各特。后来一群大猩猩收养了只有几个月大的小司各特，他就跟着这班动物父母成长。20多年后，一艘英国商船偶尔在那里抛锚，人们在岛上发现了小司各特，他已经长成一位强壮的青年，跟一群大猩猩在一起，像大猩猩那样灵巧地攀爬跳跃，在树枝间荡来荡去，他不会用两条腿走路，也不会一句人类的语言。人们将他带回英国，引起了巨大的轰动，也引起了科学家们的极大兴趣。科学家们像教婴儿那样教导小司各特，力求他学会人的各种能力，以便他能够重归人类社会。他们花费了 10 年工夫，小司各特终于学会了穿衣服，用双腿行走，虽然他还是更喜欢爬行。但是，他始终也不能说出一个连贯的句子来，要表达什么的时候，他更习惯像大猩猩那样吼叫。

之所以出现这种情况，就是因为学习语言的能力的发达期是在人的幼儿时期。小司各特当时已经 20 多岁了，他错过了学习语言的最佳时期，他的这种能力永远消失了。

事实上，孩子从胎儿期到出生，大脑得到了极大的发育，小孩在出生时，其大脑皮质以下部分与成人已经相差不大了，但大脑皮层还需要继续发育。0 ~ 7 岁是小孩脑发育最迅速的时期，尤其以 0 ~ 4 岁最明显，这 4 年里，孩子的脑发育将达到成人 75% ~ 80% 的水平。所以，在这一阶段，孩子需要良好的教育环境和充分的刺激，促进脑的发育。到儿童 12 岁的时候，他的脑发育基本完成，如果此时脑发育还不充分的话，之后就很难恢复了。这就说明，人类脑发育的速度也是遵循递减规律的，0 ~ 4 岁最快，以后逐渐减慢。

所以教育孩子的第一要旨就是要杜绝这种递减。而且由于这种递减是因为未能给孩子发展其潜在能力的机会致使枯死所造成的，因此，教育孩子的最重要之处就在于要不失时机地给孩子以发展其能力的机会，也就是说要让孩子尽早发挥其能力。

一切取决于如何养育孩子

哲学家卢梭在他的教育学著作《爱弥儿》一书中有如下一个小故事：有两只狗，它们由一母所生，并在同一个地点接受同一母亲的教育，但是，其结果却完全不一样。其中一只狗聪明伶俐，另一只狗则愚蠢痴呆。这种差异完全是由于它们的先天性不同造成的。

与之相对的是著名教育家裴斯泰洛齐的一段寓言：有两匹长得一模一样的小马。一匹交由一位庄稼人去喂养，但那个庄稼人非常贪得无厌，在这匹小马还没有发育健全时就被用来赚钱，最后，这匹小马变成了无价值的驮马。与上述这匹命运迥异的是，另一匹小马托付给了一个聪明人，最后在他的精心喂养下，这匹小马竟成了日行千里的骏马。

以上两则小故事代表了有关天才与成才的两种截然相反的观念。前者强调的是天赋，认为人的命运是由其天赋的大小决定的，而环境的作用是次要的。与此相反，后者则几乎视环境的作用为万能，认为天赋的作用毫不重要。

自古以来，在关于孩子的成长问题上，很多人更倾向于卢梭派的学说，支持裴斯泰洛齐派学说的人寥寥无几。爱尔维修无疑是裴斯泰洛齐派的先驱者。爱尔维修曾经说过："人刚生下来时都一样，仅仅由于环境，特别是幼小时期所处的环境不同，有的人可能成为天才或英才，有的人则变成了凡夫俗子甚至蠢材。即使是普通的孩子，只要教育得法，也会成为不平凡的人。"

　　在儿子还没生下来以前，我已经坚信这一说法，并且常常向别人宣传。当然爱尔维修的言论也有其片面性，他在强调环境对孩子成长的作用时，忽视了他们在天赋上存在的差异。对这一点我有充分的认识，我决不像爱尔维修那样不承认孩子的禀赋有所不同。所以，虽然我也倾向于这一派，但并不是完全站在这一边的，我还有我自己的看法。

　　我绝不是否定遗传的重要性。但是遗传对孩子的命运来说，已不像很多人所想的那样有强大的决定力。

　　我的看法是：孩子的天赋当然是千差万别的，有的孩子多一点，有的孩子少一点。

　　当我们说某些孩子有天赋的时候，这些孩子往往已经长到了五六岁。如果面对一个新生的婴儿，一定不会有人说，"这个婴儿以后会成为一个优秀的音乐家"，或者"这个婴儿将来会成为一个了不起的文学家"。

　　断言一个五六岁的孩子具有什么样的先天能力，与断言一个初生的婴儿具有什么样的先天能力是不同的。前者是教育的结果，因为人们的评价依照的是五六岁以后的情景。

　　如果所有孩子都受到一样的教育，那么他们的命运就决定于其禀赋的多少。可是今天的孩子大都受的是非常不完全的教育，所以他们的禀赋连一半也没发挥出来。比如说禀赋为 80 度的，可能只发挥出了 40 度；禀赋为 60 度的，可能只发挥出了 30 度。

因此，倘能抓住时机实施可以发挥孩子禀赋八到九成的有效教育，即使生下来禀赋只有 50 度的普通孩子，他也会优于生下来禀赋为 80 度的孩子。当然，如果对生下来就具备 80 度禀赋的孩子施以同样的教育，那么前者肯定是赶不上后者的。不过我们不要悲观，因为生下来就具备高超禀赋的孩子是不多的，大多数孩子，其禀赋都在 50 度左右。何况如果我们按照前文所述的方法进行生育，孩子的禀赋绝不至于过差，甚至得到高超禀赋的孩子的机会也是很大的。

当然，我们承认孩子们的天赋之间存在差异，正如我们承认种子有优劣之分，但要了解，一个糟糕的种植者可能会使一颗优良的种子中途枯萎或者根本无法发芽生长，而一个高明的农业师则可能使普通的种子生机盎然，茁壮成才。

没有一个孩子生下来就注定会成为天才，也没有一个孩子注定一生会庸碌无为，一切都取决于后天的环境，取决于后天的培养和教育，父母则是其中最为直接和关键的因素。事实上，是父母操纵着孩子的前途和命运，决定着孩子的优劣成败。父母的信心和正确得当的教育观念是缩小乃至消除孩子之间天赋差异的关键所在。

我的学说在百年以后，很可能被遗弃。因为到那时对孩子们的教育很可能已经普及，很多孩子都能受到有效的教育了。

我的儿子是刚刚萌芽的幼苗

我曾经用植物之间的关系来比喻父母和孩子之间。如果说父母是成熟的植物，那么孩子就是刚刚萌芽的幼苗。如果幼苗得不到精心的呵护和培养，它就不会开出美丽的花朵来。

如果孩子出生以后，他的父母就一直把他抛在一边直到他上小学的时候，然后说"从现在开始教育"，就好像突然之间给一株已经枯萎或者正在枯萎的幼苗大量施肥，同时让它晒太阳、给它浇水一样。对于已经枯萎的幼苗来说，这一切都已经太晚了。

每个人都具有强大的生命力和无限发展的可能性。如果对这些视而不见，我们就犯下了不可饶恕的错误。每一位疼爱子女的父母都希望自己的孩子出类拔萃、生活幸福，但是，大多数父母都在不知不觉中宠坏了孩子，或者是让他们感到不快乐。造成这种结果的原因在于，他们没有认识到孩子身上强大的生命力。大多数人根本没想过，对孩子进行培养，使他们拥有良好的个性和突出的能力有多么重要。这种忽视行为实际上就相当于一出生就把他抛弃了。

有位博士曾这样说过："孩子的教育就同烧陶瓷一样，最终的结果如何很受最初的影响，而且势必决定其最终的成就。小孩只要从小教育，就可以成为音乐家、画家、诗人、学者，等等。"

可是，有的人也许会说："成为音乐家就需要有敏锐的耳朵，如果没有敏锐的耳朵，再怎么早教他音乐也不行。而敏锐的耳朵是一生下来就有的，所以你的教育我不信。"我们可以对此说法提出反驳，有没有敏锐的耳朵，这是对小孩到长大以后才说的话。如果从两三岁时开始训练，是完全可以培养出敏锐的耳朵来的。心理学家所说的视觉型和听觉型，也是后天的而不是先天的。有的人说如果三代都是音乐家，才能出一个大音乐家。这种说法是错误的。从莫扎特的例子来看，他成为那么伟大的音乐家，是由于他出生于充满音乐气氛的家庭，从小就受音乐的熏陶。

米开朗琪罗生下来不久就被送到乡下寄养在别人家里，他的保姆是位石匠的妻子。后来他说不仅在这个家庭里吃了保姆的奶，而且从小就爱上了锤子和凿子。可是他的家是非常有名的豪门世家，而且非常反对他成为雕刻家。但当他的内心之火已经燃烧起来以后，家人也无可奈何了。

林奈家住在湖泊之滨，周围有野花，有森林，有鸟鸣，也有小鱼游泳。他所以能成为大生物学家，就是因为生长在这样的环境中。这样的例子举不胜举。

但是按理想来说，父母教育孩子不应先确定培养成音乐家或画家等。就像我培养卡尔，首先以把他培养成完美的人作为目的。至于将来他是成为学者，还是成为政治家、发明家、企业家等，这应让孩子自己选择。而一个人的品质如何，很大程度上取决于

幼年时期所受的教育。所以说国民的道德如何，取决于这个国家的人民对其子女的教育。在世界各地，人们崇尚不同的伦理，信奉不同的主张。但是，不论东方人的天命和宿命论也好，希腊人的知识主义、艺术主义、自由主义也好，罗马人的保守主义、黩武主义也好，这些都是他们在幼年时期所受教育的结果。

柏拉图曾经在他的《理想国》中对他心目中的未来的理想国家有过全面的描绘。在他勾勒的那个理想国中，"子女教育是社会的基础"。这一见解实在高明。

如果说人如同生长的植物，小时候就形成了他一生的雏形，那么幼儿时期就好比刚刚萌芽的幼苗，给予什么样的教育就会形成什么样的雏形。威廉曾经说："幼儿是成人之母。"此言确实千真万确，我们谁也无法否认，成人的基础是在小时候形成的。

根据上述理论，如果对生下来就具备高超禀赋的孩子施以高明的教育，那他的发展就是不可估量的。但遗憾的是，人们对天才的教育往往是失败的。父母总是只着眼于孩子的天赋，而不注重全能培养，对孩子过分挑剔，要求太高，最终只会引起孩子的逆反、压抑与怨恨。因父母施加的压力过大而半途而废的天才不在少数。

许多知名的人在成年后都说过，他们年幼时曾受到父母的极度催逼，结果留下终生的创伤。英国哲学家约翰·斯图尔特·穆勒的父亲在他少儿时期就无情地催逼穆勒，不允许他有假日，唯恐打破他天天刻苦学习的习惯，也不给他丝毫的自由，事无巨细地对他严加管束，不允许他有"随意的"爱好。穆勒在青年时期经常精神抑郁，终生都感到有心理障碍。在自传里，他痛心疾首地回忆了受父亲压制的情景：

一有错误就得立即纠正。开始讨论时，父亲往往采用轻松愉快的交谈式口吻，一旦出现数学错误，这种口吻便会戛然而止。继而这位和蔼可亲的慈父就一下子变成了血腥的复仇者。

卡尔·冯·路德维希是一个著名而悲惨的例子。卡尔是一个学业天赋极高的孩子，但因为父亲不停地催逼他，一心想使他过早地功成名就，他半途而废了。卡尔的父亲亲自教儿子高等数学，强迫他在醒着的每一分钟都得学习。他反对一切与学业无关的兴趣，体育、游戏、对大自然的探索对他来说无足轻重。卡尔8岁时父亲就让他上大学水平的数学课程，9岁时他就在学习微积分并尝试写剧本了。他不断跳级，仅用3年时间就修完大学课程，11岁大学毕业。他主修数学，大学的教授们预言卡尔会成为一名世界级数学家。

然而，开始的辉煌瞬间转为暗淡。卡尔在上研究生院一年后，对数学全然失去兴趣，随即转入法律学院，但很快也对法律失去了兴趣。最后他从事办事员工作，既不用思考，也不用担责任。

　　我听说的这两个实例说明，正确的教育方法是极其重要的。如果实施了错误的教育方法，不要说禀赋一般的孩子了，就是拥有高超禀赋的孩子也会被扼杀掉。

　　一般人对才能教育和早期教育持批评的看法，之所以如此，原因之一是：他们担心像刚才所举的例子一样，即使小时候多么具有学习的才能，如果他不能幸福地度过自己的一生，不能凭才能从事一项很好的工作，那不也是毫无用处吗？不错，对父母来讲，他们最大的愿望就是希望自己的孩子即便是一个平凡的人，也能幸福地度过自己的一生。错误的早期教育培养的是"畸形儿"，正确的早期教育培养的则是更加尽善尽美的伟人和天才。

从儿子出生那天就开始教育

———————

儿童的潜在能力是有着递减法则的。即使生下来具有 100 度潜在能力的儿童，如果放弃教育，到 5 岁时就会减少到 80 度，到 10 岁时就会减少到 60 度，到 15 岁时就会只剩下 40 度了。所以教育孩子的第一要旨就是要杜绝这种递减。而且由于这种递减是因为未能给孩子发展其潜在能力的机会所造成的，因此，教育孩子的最重要之处就在于要不失时机地给孩子以发展其能力的机会，也就是说要让孩子尽早发挥其能力。

达尔文和一位母亲之间有这样一段对话：

"从几岁开始培养一个孩子最好？"

"你的孩子多大了？"

"我的孩子只有一岁半。"

"那么，你已经晚了一年半了。"

达尔文清楚地表明，孩子出生之时就是开始培养的最佳时间。如果出生一段时间之后才开始教育，那就太晚了。做父母的一定要记住，婴儿具有很强的生命力，因而要快乐地养育他。才能教育开始得越早越好，这样方能杜绝孩子潜在能力的递减。

这就是我与人们冲突的地方所在了。我的教育理论的核心是：对儿童的教育必须与儿童的智力曙光同时开始。而时下流行于世的主导思想是：儿童的教育应当开始于七八岁，这种论调为人们所深信不疑。除了此一论调之外，还有一种让许多父母感到十分恐惧的观念，那就是早期教育有损于儿童的健康。

面对这些错误观念我常常感到软弱无力。由于它们的盛行，我的教育理论，在世人的眼里简直是荒唐至极，更谈不上指望父母们会运用我的理论将一个"凡夫俗子"训练成天才了。

事实上，从生下来起到3岁之前，是最为重要的时期。因为这一时期，孩子的大脑接受事物的方法和以后简直完全不同。

这就是人们通常所说的"临界期"，也就是通常所说的关键期，指的是无论做什么事情，一旦错过了一定的时期，人就很难培养自己在某方面的能力，也就是说有时间制约。这个时期是能否掌握某一功能的重要分水岭，因此将这一时期称作"临界期"也许是最好不过的了。

把一只刚出生的猫放在四面墙壁画有横线的环境中喂养，两个礼拜后，当这只猫进入一般的环境时，猫的视力会出现障碍，此猫不认识竖线，只认识水平方向的横线。也就是说，当猫生下来后，如果只看横线，不看竖线，猫就不具备看竖线的能力。这意味着，在猫生下来的两周时间，是它获得正常视力的"临界期"。据说，当猫生下来后，用布蒙住它的一只眼睛；那么当此猫长大后，再把布取下来时，猫的这只眼睛的视力就一直没有发育。实际上猫的身体并没有发生什么异常，猫眼本身就具有看的功能，只不过在猫眼能力的发育时期，没给它适当的环境而已，所以猫眼没有发挥出它的应有能力。

人的情况也一样。据说，当我们给一个天生的盲人做手术并让他获得视力后，该盲人过了 5 岁，还是目不能视。眼睛看到的信息进入大脑后形成完整的图像。但是，如果大脑的成像功能没有得到很好发挥，那么大脑就不能将眼睛看到的物体组成图像。

也就是说，大脑的视觉神经细胞接受外部刺激后，促成视觉神经网络的发育，从而在 5 岁之前完成目能视物的过程。但是，如果人超过 5 岁，即使刺激它的视觉神经细胞，她的神经网络也很难正常发育。

我们知道，当人生下来后，它的脑细胞网络就接受刺激，并通过刺激使人脑得到发育和形成。人们在研究大脑功能发育的不同时期，他们相信不同的机能发育分别对应着不同的最佳时期。

不仅是看的能力，人所具有的其他能力，在开始时都是以潜在的方式存在的。潜在的能力只有接受刺激，才能成为真正的能力。因此，如果人的潜在机能不接受锻炼，人的这方面能力就会被淹没，永久地从这个人的身上消灭。这就跟人一开始就不具备这方面的能力一样。

刚出生的婴儿没有分辨人的面孔的能力，到三四个月，或者五六个月，就能分辨出母亲和别人的面孔了，知道"认生"了。但他这时并不是对面孔的特征进行了这样或那样的分析之后才记住的，而是在反复的观察中，把母亲的整个面孔印象原封不动地做了一个"模式"印进了大脑之中。

婴儿的这种模式识别的能力，远远超过我们的想象。对 3 岁以前的婴儿教育，就是"模式教育"。婴儿对多次重复的事物不会厌烦，所以3岁以前也是"硬灌"时期。婴儿依靠动物的直观感觉，具有在一瞬间掌握整体的模式识别能力，是成人远远不能及的。他的大脑还处在一个白纸状态，无法像成人那样进行分析判断，因此，可以说他具有一种不需要理解或领会的吸收能力。如果不把你认为正确的模式，经常地、生动地反复灌入幼儿尚未具备自主分辨好坏能力的大脑中的话，他也会毫无区别地大量吸收坏的东西，从而形成人的素质。

在动物世界中，鸟类有"铭记"的现象。一只刚孵化出的鸟会把最先看到的物体当作自己的母亲或保护者，然后平静地跟着它走。

但是，听说这种"铭记"也要在小鸟孵化后的几小时到十几小时才能产生。因此，这种"铭记"与其说是"临界期"，倒不如说是"临界时"。

即便刚生下来的小鸟把气球认作了"自己的母亲"，我觉得这也是一种心智的发育和萌芽。

当我们在考虑临界期的问题时，我开始觉得不仅人体机能隐藏着临界期，而且人在心智的选择上也隐藏着几个严密的临界期分支，就像古谚说的那样："从你小时候就可以看到你成人以后的样子。"孩子到3岁时，就已形成了长大之后一些基本性格的要素。如果我们仔细地分析所有的人，都毫无例外地能从他们身上看到他们3岁以前的环境，以及这种环境对他性格形成及素质的影响。所以，模式时期决定了人的一生。

给3岁以前的模式时期"硬灌"些什么呢？大致是两方面的

内容：一方面是反复灌输语言、音乐、文字和图形等所谓奠定智力的大脑活动基础的模式；另一方面则是输入人生的基本准则和态度。

　　总的来说，生下一个健壮的孩子，这只是父母亲走出的第一步，以后的路更长，事情更琐碎，责任更重大。因为，从孩子出生那天起，父母就必须担负起教育者的重任。

给儿子营造最好的生长环境

———

幼儿最容易受到周围环境的影响。因此，为孩子创造良好的环境，让他们学习好的东西，这实在是为人父母的最大职责。

自然界中，一棵嫩芽能否长成参天大树或结出美丽的果实，全靠种树人对它的悉心栽培。同样，一个婴儿能否变成你所期待的希望之星，则完全取决于你所施行的教育与为他提供的环境。

曾有人以当地生长的孩子同移民过来的非洲人的子女做过智商比较，结果发现，前者平均智商为115，后者仅有85，二者之间差距竟如此明显。由此有人下结论说：这个差距是由人种和血统不同所造成的。但一位牧师的经历推翻了这个结论。

他收容了一对非洲移民的夫妇。他们的婴儿一出生后就被送进了托儿所，与其他当地的孩子一样在完全相同的环境里接受抚养。孩子4岁时，他为其测验了智商指数，发觉他和当地的其他孩子一样，智商高达115。

很显然，这位牧师的经历推翻了不同人种会有不同能力的定论。他的经历最直接地说明了"人类能力的强弱，并非取决于人种或血统等因素，而是要看后天的教养与环境而定"。

由于婴儿出生后生活的环境千差万别，结果对婴儿的官能产生了很不一样的影响。这些因素由于只是在婴儿的关键期发挥作用，所以，环境对婴儿的影响可能是终身的，而且相比之下，环境对婴儿的主导作用比对大人大得多。

从卡尔出生后，我和他妈妈就注意给卡尔创造一个好的成长环境。

每个做母亲的，都喜欢把刚出生的宝宝放在满是雪白天花板、雪白墙壁、隔离一切外来声音的宁静房间里抚养。但是事实上，全无刺激的环境，对婴儿却是有害无益的。我们在小卡尔房间的天花板、墙壁和被褥上都绘上色彩缤纷的美丽图案，并且在里面不断地播放着音乐。几个月后，当我们在卡尔面前放一个发着光的东西时，小卡尔就迅速表现出想要捕捉它的意念。

也有人认为，这种幼儿时期的智力差距可以借由后天的教育拉平，这种说法尽管也有道理，但它势必使孩子承受过重的负担。

我发现，愈是专心照顾孩子的母亲，她们愈爱收拾房子，把婴儿的四周收拾得一干二净。这一方面是她们出于对孩子的溺爱，另一方面是她们怕家里东西太多会给幼儿造成危险。的确，从学会爬到会走路这段时间的婴儿，其所作所为确实危险万分，叫大人的神经一刻也不敢放松。他们一年到头不是弄翻花瓶，便是用嘴咬电线，或滚落床下。做妈妈的唯恐孩子发生意外，便会小心翼翼地将所有能想到的危险物品，都从孩子身边移开。这种做法当然无可厚非。但若因此而使婴儿周围像空屋般一无所有，或让孩子所能触摸到的东西，尽是一些坚硬物的话，结果也大多是负面的。

如同杂乱无章的房间可以给艺术家新鲜的灵感一样，那些在大人看来是毫无意义的甚至是有危险的物品，对孩子来讲，却能激发他的想象力，促进其智慧的成长，而且还有可能成为提升他们创意的重要刺激。卡尔也常常会把房间弄得乱七八糟，甚至头撞到物品倒地并因此大哭，但这些"遭遇"对他来说，却是很好的体验和教训。

仰卧着的婴儿，在其视线前方，往往只有平平坦坦的天花板，或罩式蚊帐，偶尔才有一张大人的面孔，他们常常在逗一会儿孩子后就离开了。

"这样不行，要给样可以看的东西才好"，于是一些父母，要么从天花板垂吊能转动的风铃，要么就是拿着会出声的玩具，在宝宝面前摇晃。

这些做法固然可以给婴儿提供良好的刺激，但仅此还不够。

刚出生的婴儿还缺乏感觉印象。如果做父母的老让孩子这么躺着，就很难满足他对感觉的需求。大人为了替孩子解除这种被周围环境孤立的处境，他们兴致一来就会在孩子面前露个脸。这种做法对孩子来讲，就显得有些勉强了。

从幼儿的角度来看，他们总是渴望从周围的景象接受一些刺激，他喜欢尽量用眼睛盯着要看的景物，大人这时一定要设法满足婴儿的这种好奇心。

对父母来讲，与其拿着东西得意扬扬地在他眼前摇晃，不如给孩子一个可以看到外界景观的场所。

幼儿对位置、形状、颜色，有他独特的感觉。一种东西如果幼儿每次看到它都在固定的位置，就具有刺激的"反复作用"。当我们用娃娃车推着5个月大的卡尔散步时，当他看到嵌在黄色围墙上的白色大理石板时，他就会非常高兴。而我们每天推着他走过那条路，经过石板处时，卡尔的眼光就会发亮。这是因为幼儿具有大人所远不及的敏锐秩序感，他不单只能认识每一事物的个体，而且还能直觉地领会事物与事物间的关系。很显然，这与幼儿各种能力的发展，有着密不可分的关联。

无论是在家里还是在外面，我都注意给卡尔营造一个适合的环境，无论是各种颜色和景观的刺激也好，还是这种独特的秩序感的构筑也好，都充分地让卡尔在这一时期得到了能力的培养。

> 不要盼望孩子天赋多么卓越，即使是普通的孩子，只要教育得法，也会成为不平凡的人。

人刚生下来时都一样，仅仅由于环境，特别是幼小时期所处的环境不同，有的人可能成为天才，有的人则变成了凡夫俗子。

> 没有一个孩子生下来就注定会成为天才，也没有一个孩子注定一生会庸碌无为，一切都取决于后天的培养和教育。

父母的信心和正确得当的教育观念是缩小乃至消除孩子之间天赋差异的关键所在。

如果说人如同生长的植物，小时候就形成了他一生的雏形，那么幼儿时期就好比刚萌芽的幼苗，给予什么样的教育就会形成什么样的雏形。

1. 你对天才是如何定义的？你认为有一生下来就是天才的孩子吗？

_____

_____

_____

2. 你认为天赋和教育哪一个对孩子的成长更重要？

_____

_____

_____

3. 你认为对孩子教育的最佳时机是什么时候？

_____

_____

_____

4. 你重视孩子从小成长的环境吗？你会如何为孩子营造适宜他成长的环境？

_____

_____

_____

5. 你是如何开展对孩子的才能教育的？

_____

_____

_____

第二章

从儿子出生就开发他的智力

做父母的对子女的早期教育绝不是一种无效劳动。虽然在某些年月里，好像被教育者处于沉睡状态；但是，终有一天，会大有好处。

母乳之外，给儿子合适的饮食

————

儿子出生后的头半个月，我们坚持定时给他喂奶、喂水，使他的生物钟一开始就形成规律。直到他能吃饭后，两顿饭之间仍然只许喝水不许吃别的，免得他的胃老是得不到休息，血液也老是在胃部工作而不是集中在大脑。如果让孩子的精力只用于消化，那么大脑就不会得到很好的发展。另外，吃得过多除了阻碍脑部发育外，也有害孩子的健康，容易患上胃肠疾病。因此我严禁儿子随便吃点心、零食，即使为了给他加强营养，也规定有固定的吃点心时间。

我从儿子 4 个月时起，在吃母乳前，先给他一点儿蜜柑汁；后来又添加香蕉泥、苹果泥、胡萝卜泥、青菜粥等。再过一段时间，开始给他喂汤，吃煮熟的鸡蛋、马铃薯等。大多数孩子爱吃谷类食物，这是他们的最好食物。然而，我儿子却不爱吃。我认为爱吃的食物就是最好的食物，所以只给他吃喜欢的食物。

大约在儿子 6 个月时起，儿子能吃一顿混合食物了。这时候我就给儿子减去了一顿奶食，在他平时吃的食物外另加鸡肉末、肝末、鱼松等肉类。到儿子 9 个月时，就可以吃碎肉、烧好的肉丁糕这些东西了，而且这时候儿子对谷物重新产生兴趣，开始吃麦粥。在给儿子减少奶量的同时，我也注意不让儿子吃得过饱。此时儿子已经长出了牙齿，他的胃肠也能够消化较粗的食物了，但是在儿子 1 岁之前，我一直避免给他吃脂肪过多或油煎的食物。

德国有句谚语，意思是"人的性格取决于食物"。看来，食物同人的性格确有关系。曾经有人主张"菜食疗法"，他们说选择不同的食物，就能使孩子形成不同的性格。比如，给孩子多吃胡萝卜，牙齿和皮肤就会美丽；吃马铃薯就能提高孩子的推理能力；吃菜豆就能发展孩子的美术兴趣；吃洋白菜和花菜会使孩子思想简单，成为平庸的人；吃青豆易形成轻率的性格。因此，可以让厌恶数学的孩子多吃马铃薯，让缺乏美术兴趣的孩子多吃菜豆，没常性的孩子禁食青豆，粗暴的孩子禁食洋白菜。上面这个菜食疗法显然没有理论依据，但是以经验来看，也并不是无任何道理。例如，俄国的农民因经常吃胡萝卜，牙齿和皮肤非常美丽。

孩子不能吃太多的甜食，甜食容易引起孩子呕吐、恶心，甚至腹痛腹泻；孩子也不适合每天吃过于精细的食物，因为精米、白面的加工过程中白白损失了许多营养物质，也对孩子的视力发展不利。此外，如果孩子吃过量的巧克力、牛奶以及柑橘类水果，容易发生夜间遗尿，这些都是孩子的饮食中需要注意的。

尊重他的胃口

人们常说"吃饭才能长大",而且由此衍生了不同的说法,如"喝奶能够长出漂亮的牙齿""吃鱼可以变聪明"等,但人们并不了解饮食在儿童成长的其他方面所具有的巨大作用。在介绍饮食数量、维生素和时间表之前,让我们来看看饮食是怎样发挥作用的。

吃饭首先是一种乐趣,能使孩子精神愉悦:当我们了解到儿童成长过程中心智发展的重要性时,就会明白吃饭的重要意义了。精神分析学家甚至说宝宝从吃奶的过程中得到了一种真正的享受。

给孩子喂饭有时是很困难的,这就如同家长在同孩子做游戏一样:孩子拒绝吃某种食物,即使这是他平时很喜欢吃,甚至嚷着要吃的,他会反抗(我们想要强制他,他知道说不)。因而吃饭可能会出现要挟的情况,这可能会使父母和孩子都产生犯罪感。

独立吃饭需要多种能力,如体能、运动能力。它还是智力提高后综合运用的表现:独立拿着奶瓶,使用勺子,然后不用任何帮助自己吃饭,给他的玩具娃娃喂饭,直到他可以独自做饭。

孩子拒绝喝水、吃饭并不是必须让医生出急诊的症状。但是有一种情况则需要这么做，即孩子突然完全拒绝喝水（宝宝拒绝喝奶或是只吃很小的一勺食物），并且伴随着有规律的间歇性哭声，有时还会呕吐。这种情况下，要请医生，因为宝宝可能是得了绞窄性疝、肠套叠等疾病，如果大便中有血，这种推断就能进一步得到证实。

当孩子没有胃口时，父母们会很担心，尤其是母亲。孩子如果生病了还算正常，但是如果孩子看上去很健康却没有胃口就有些奇怪了，不然是不可能这样的。

没有胃口可能还会伴有其他症状或者单独出现。

当孩子拒绝吃饭时，首先应该看看有没有其他症状。从体温开始，然后记录下所有不正常的情况，包括流鼻涕、咳嗽、出疹子、腹泻、便秘、呕吐等，对于更小的孩子还包括体重增长曲线等。

如果存在这些症状之一或者其他症状，你就要咨询医生了，他会找出孩子没有胃口的原因，最常见的情况是得了传染病。所有的传染病，哪怕是最轻微的（比如鼻咽炎）都可能会影响到孩子的胃口。而婴儿感冒时，没有胃口还有些功能上的原因：当鼻子塞住的时候，宝宝要用嘴呼吸，当他想喝奶时，就会呼吸困难而且很难喝奶，这样他就会拒绝喝奶。

饮食搭配的错误也可能影响到胃口：搭配的食物量太大或者不足，食物太浓或不够浓；他不再适应牛奶，不喜欢米粉；他对某些食物有排斥反应；缺乏维生素或铁等。要一下子就制定好孩子理想的饮食搭配不总是那么容易。

恳切建议：如果你的孩子因为得了传染病或者饮食搭配不适合他而不想吃东西，请不要强迫他吃。这种反应很正常，生病会降低食欲，因而要顺其自然。当他的病好一些时，也不要太早强迫他吃东西，哪怕他瘦了。要有耐心，直到他能正常地消化吸收，食欲就回来了，之后的一两个星期，他会变得非常能吃。

别用惩罚来威胁孩子吃饭，要给他一些奖励，扮小丑哄他开心。当孩子发现他能够让爸爸把脚贴到墙上而只以一勺饭来作为交换，他会很开心，而吃饭也就变成了讨价还价的交易。重要的是不要太固执，如果孩子不饿，或者不想吃饭，下一顿饭他就会补回来的。要尊重他的胃口。

不要总跟他谈条件，如"如果你不把汤喝完，就不能吃甜点"，这将强化甜食对他的吸引力，并且使他对父母推荐的食物产生抗拒。

吃饭时间不要超过半小时，也不要把吃饭过程分成几部分，在他拒绝吃饭半小时后又给他喂饭。因为这样会使他没那么饿，下一顿饭时也就没什么胃口。应尽量让每顿饭的间隔达到最大，必要时，可以每天只给他吃三顿饭。

如果早上你的孩子不饿，请给他喝一杯加糖的水以"唤醒"他的胃。这常常很有效，一般一刻钟后，孩子就会饿了。

请尝试平静地（我故意用这个词是因为有些父母确实对孩子不吃饭感到难以忍受）等待他恢复食欲，但是在出现下列情况时要告诉医生：他的体重增长曲线在超过 8 天时仍然保持不变（对幼儿而言）；你发现他身上出现了可能表现为某种疾病初期的症状；在没有其他症状的情况下，他缺乏食欲的现象一直持续了一个多月。根据不同的情况，医生会进行补充检查。如果你没有发现任何不正常的地方，只是食欲的缺乏导致孩子拒绝吃饭，这可能是由心理原因引起的厌食。

保持儿子健康的心情

没有健康的生活，无论大人还是孩子都是很倒霉的。身体不健康，对大自然的美和人工的美都不能欣赏。因此，孩子的身体健康是非常重要的。对孩子的健康来说，最重要的是呼吸新鲜空气和喝新鲜的水。

有的母亲，孩子一哭，马上给东西吃，这个方法很不好。绝对不能让吃东西无定时。这样做，孩子其实并不好养活。有的母亲，孩子一要吃的就给，这样做的结果是，孩子长大后会成为无节制的人。

吃得过多，有害孩子的健康。许多母亲给的糖果是有损孩子胃口的，因为便宜的糖果用的是有毒的染料，孩子嚼口香糖也是不好的。

有的人说："不同的胃，可以使人成为乐天派或是厌世派。"胃病能使孩子忧闷、不愉快、不幸福，胃弱者绝对享受不到健康者的幸福。有一次，法国的路易十五世在外散步，讨乞者到他跟前伸出手说："先生，请帮帮忙吧。"这时，国王给了他一些金子，并说："饿汉，我很羡慕你。"我们不可以把孩子变成路易十五世那样柔弱的人。消化不良使大人难受，尤其使孩子难受。胃健康的孩子性格坚强，胃弱者必然暴躁。为了预防消化不良，最好在吃饭时能愉快地吃。当然，快活并不只是在吃饭时，但是吃饭时尤其必须高兴。

心情好，消化得就快。有句谚语："早起能使人健康、富裕、聪明。"然而，笑也能使人健康、富裕、聪明。

人们见到我儿子时常说："这孩子体格太好，不像个天才。"看来他们仍在坚持"才子多病"的旧观念。然而，这是毫无根据的。有句谚语"健全的精神寓于健全的身体"，这是有根据的。

的确，有的天才体弱多病，但并不是天才一定病弱。那些病弱的天才如果健康，一定会是更加伟大的天才。而且身体健康的天才人物也并不少，如韦伯斯特、布莱恩特、亨利·比卡、卡尔芬、珍妮·林德、阿德里娜·巴奇、萨拉·本哈忒、朱里亚·乌德·浩、约翰·卫斯里、路易斯、阿尔科克等。这些人不仅身体健康，而且体格魁梧，很有力气。

儿子的健康一再使人们惊异，这是因为我从婴儿期就对他进行体能训练。

愉快是健康的关键。我首先把儿子周围的环境布置好。周围的气氛阴郁，孩子必然会消化不良，身体不健康。因此，孩子居住的房间从最初起就应是令人心情愉快的。

天气晴朗时，我和妻子把儿子带到田野里，让他眺望绿色的原野。我注意让他的身体能自由自在地活动，不把他包起来，以免妨碍他的手脚自由活动；也不给他围围巾，以免把嘴和脸弄歪。

天气好时经常让他在屋外睡觉，以便接受阳光沐浴，呼吸新鲜空气。当他在屋内睡觉时，在洁白的床上铺上鸭绒褥，便于他的手足自由活动。因为这种活动就是婴儿的运动，所以婴儿睡觉时，决不能像布娃娃那样把他裹得紧紧的。

卡尔6周时，长得很大，像4个月的孩子。这是我们让他经常呼吸新鲜空气、进行运动的结果。这儿所说的运动是从他两三周时开始，让他在光滑的木棍上做悬垂运动。生物学的理论说："个体发育是整体发育的短暂重复。"所以，婴儿是可以像猿猴那样在木棍上做悬垂运动的。当然，不可勉强地做。

还有一种训练是让儿子抓住我的手指，由于婴儿与生俱来的"把握反射"，他就像吊单杠一样用力拉起自己的上身。等到两个月大反射消失时，他的胳膊已经练得相当有力，为提前进行爬行训练创造了条件。

我还培养孩子喜欢洗澡的天性。如果水温过高或过低，孩子就不愿洗澡，所以，我一开始就注意调节水的温度。我和妻子每天都给儿子洗澡、按摩手脚，这样既能发展他的触觉，又能促进血液循环和肢体的灵活。从儿子1岁时起，我就教他洗脸、洗手、刷牙，一天要洗几次，早起和晚上睡觉之前都要刷牙。他吃完干面包后，也让他刷牙，并且从小时起就教他用手绢擦鼻涕。

不应往孩子的头脑中灌输恐怖、担心、悲伤、憎恶、愤怒、不满足等思想和感情。因为这些都对孩子的精神有刺激，易引起身心虚弱、生病，阻碍他们的发育和成长。

根据某一科学家的理论，人的寿命是150岁。因为动物的寿命是它们成熟期的5倍。人类的身体发育到30岁才能完成，因此，人的寿命应是 150 岁。然而，有半数人由于恐怖和忧愁等原因，连寿命的四分之一也活不到。

有的母亲在孩子睡觉前，常常用斥责、鞭打作为一天的总结，这是不好的。应使孩子面带笑容入睡。无论大人还是小孩都应抱着对明天的欢乐期望入睡。同时，也以愉快的心早起，这是孩子一生长寿的秘诀。

在卡尔很小时，我就教他深呼吸的方法，教他唱歌，这都是为了增进他肺部的健康。散步、玩球，是我们功课表中的一项内容，天天进行。不让孩子运动，他的精力就不知用到何处，就会淘气、损坏东西。

发现孩子心情不好、发音不清晰、张着嘴睡觉时，应当请医生看看是否病了。但是，孩子胡闹、故意破坏东西时，主要是由于没有把精力用到正确的地方。所以，应当引导他把精力用到运动和学习上去。

我不让卡尔把手指放入口中。只要从小注意教育很快就会养成习惯，不往嘴里放手指或别的东西。但是，为防备万一，我不给他买危险的玩具。

我在院子里修了个运动场，有各种运动器具，如跷跷板、滑台和梯子。儿子从 3 岁起就练习骑马，至今还最喜欢这一运动。他会游泳，又会划船。有时玩棒球，有时玩网球，有时爬树，有时去登山。伏尔泰曾说"忙是幸福的秘诀"，这也适用于孩子。总有事儿干的孩子是幸福的。

这样，经过营养和体能两方面的精心培育，卡尔从出生时体弱多病的婴儿长成了一个健康活泼的孩子。

从我们身边的实物开始

1.观察力是一切灵感的源泉

孩子的视觉发达起来以后，就要培养孩子的观察能力。这有两个方法：其一，通过丰富多彩的色彩来培养孩子的观察能力。其二，我在儿子房间的四周挂上了各种名画的摹本，还陈列了大量著名雕刻的仿制品。从儿子小时候起，我就抱着儿子识别屋中的各种物品，如桌子、椅子等，并把这些物品的名称念给他听。儿子起初只注意画的颜色，后来渐渐地也懂得了画中的含义。

2.让他从小就信手涂鸦

在儿子智力的开启中，绘画的功能是非常重要的，能在善于绘画的父母的培养下成长的孩子是非常幸福的。由于我懂得一点绘画，就准备了许多美丽的花草和鸟兽的画给儿子看，还让他看有美丽图画的图书，并读给他听。他总是能安静地听。这表明儿子尽管什么都还不懂，但已对我的声音和画的颜色开始感兴趣。此外，我还经常把同儿子谈话的内容绘成图画，用这种方法增长儿子的知识。

为了发展儿子对色彩的感觉，我买来了五颜六色的美丽的小球和木片，以及穿着鲜艳的布娃娃，经常用这些玩具跟他做游戏。这很重要，因为男孩与女孩相比，色彩感觉相对迟钝，所以，男孩子若不从小时候就开始发展色彩感觉，那以后对色彩的感觉将会非常迟钝。

蜡笔也是孩子的好玩具。我经常利用它同儿子进行颜色竞赛游戏。我预备好一张大纸，从某点开始；先由我用红色蜡笔画一条 3 厘米长的线，而后，儿子也用红色蜡笔画一条同样长度的平行线。接着，我在我画的红色线之后，用青色的蜡笔接上一条长短一样的线，儿子也得用青色的蜡笔在他画的红色线后边画一条青色的线。这样连续画下去，假若儿子使用的蜡笔与我所用的颜色不一样，这一游戏就不再继续，儿子就输了。

3. 每天都要散步

卡尔一学会走路，我就每天带他去散步，并让他注意天空的颜色、树林的颜色、花朵的颜色、原野的颜色、建筑物的颜色和人们服装的颜色等，这都是为了发展他的色彩感觉。

还有就是让孩子专心注意某些事物，以养成敏锐观察事物的习惯。我通过和儿子玩一种叫"留神看"的游戏来达到这一点。每当路过商店的门前时，我就问儿子这个商店的橱窗内陈列着的物品，并让他在记忆中搜寻这些物品。儿子能说出的物品当然越多越好。如果儿子记住的物品还没有我能记住的多，就要挨批评。

4. 注意力不集中是因为无趣味

鉴于婴儿的注意力不易集中，我通过鲜活的物品教会儿子各种形容词。在儿子出生后第6周，我曾给他买了些红色气球，把气球用短绳扎到他的手腕子上，气球便随着手的上下摆动而上下摇动。以后，又每周给他换一个其他颜色的气球。通过这一游戏，我便能轻而易举地教给他红的、绿的、圆的、轻的等形容词，而且儿子对这一学习方式非常乐意。

在尝到这种学习的甜头之后，我还让儿子手拿贴有砂纸的木片和其他种种物品，教给他粗糙、光滑等形容词。当然，这种教育方式也有一些负面效果，如婴儿往往爱把手上拿的物品往口里放。不过，父母只要多加留心，孩子就不致养成这种习惯。

5. 大自然是小孩子学习的宝库

对于出生后对世界表示好奇的婴儿，并不能只满足于家里各种好玩的玩具。从儿子的表情我可以看出，他似乎觉得仅有这些玩具还刺激不够。甚至对偶尔飞来的苍蝇，卡尔都会显示无比的兴趣。哪怕是看见一只爬到眼前的蚂蚁，他也会用眼睛追踪蚂蚁的动态。当然，光给儿子看蚂蚁、苍蝇是不够的，我常常尽量多地带他到可以看到猫、狗、牛甚至鸟、车的自然中去。

我发现，走出户外的婴儿，都会惊奇地注视路上的狗或猫，对川流不息的来往车辆，也会看个不停；看到菜摊上摆放的各色各样的蔬菜，更是瞪大着眼睛欣赏。通过这样接受在家中所得不到的新鲜刺激，婴儿的智能也自然会发达起来。

正如一句名言所表达的："大自然是小孩子学习的宝库。"

外界与大自然之中，有无穷的力量可以吸引孩子的兴趣，如果不把孩子带到那种学习场所去，这不是父亲的怠慢与失职，又是什么呢？

因此，做父母的一方面必须对婴儿的健康与安全予以最大关注，这也是做父母的责任，但我们也切不可因此而限制了孩子的学习场所。

置身于美丽的大自然中，婴儿的身心才能更加活泼与健康。注意这个事实，也是做父母的不可忽视的责任与义务。

与儿子的心灵相接触

爱是与孩子沟通的最重要途径。当然，仅仅有爱是不够的，在人生中我们花掉很多的时间来学习怎样表达爱，为人父母之后也需同样注意这一点。

说服和教训所起到的作用是有限的，我们之中又有谁乐意听取别人喋喋不休的说教呢？但有的父母却固执地对着孩子这样做，直到有一天发现原来孩子一直在敷衍自己，甚至暗暗滋生了仇恨心理，才深深体会到教育的失败。

想要与孩子有效沟通，最重要的莫过于用心去爱孩子。认真去感触他的世界，耐心倾听他的心声，然后加以适当引导而不是强行更改。需要强调的是，这里的"爱"是"理解"而不仅仅是"满足"，意味着"包容"而绝非"纵容"。

"我不明白，我给他吃、给他穿，他想要什么就买什么，他却在昨天说恨我！"村里一个妈妈痛哭流涕地说道。这位母亲把整个身心都给了孩子，哪里想到会是这样的结果呢？

"妈妈总想管着我，不让我去这里不让我去那里，还动不动就哭着说是为了我好。她用来跟我做比较的孩子足够开出一个长长的单子！"儿子愤愤不平地抱怨着。在他看来，妈妈忽略甚至轻视了他作为人的权利。

要知道爱孩子并不只是满足孩子的物质需求。对孩子来说，真正理解父母为抚养他，供给他的生活所付出的辛劳还为时过早，他更为敏感的是父母对其心灵的关注程度，对他所享有权利和自由的尊重。在与孩子沟通的时候，父母有必要让孩子感受到理解和尊重，感受到浓浓的亲情之爱，爱将化解所有的误会和不愉快。

我相信，没有父母不爱自己的孩子，可由于缺乏爱的技巧，不会爱孩子，造成了无数家庭亲子之间的隔阂，这实在是一件值得反思的事情。

曾有位父亲写了一封信给孩子，忏悔自己不适当的爱给孩子造成的伤害：

孩子：

在你睡着的时候，我要和你说一些话。我刚才悄悄地走进你的房间。几分钟前，我在书房看报纸时，一阵懊悔的浪潮淹没了我，使我喘不过气来。带着愧疚的心，我来到你的身旁。

我想到的事太多了。

孩子，我对你太粗暴了。在你穿衣服上学的时候我责骂你，因为你洗脸时只在脸上抹了一把；你没有擦干净你的鞋时我又对你大发脾气；你把东西不小心掉在地上时我又对你大声怒吼。

吃早饭的时候，我又找到了你的错处：你把东西放在地上，你吃东西狼吞虎咽；你把手肘放在桌子上，你在面包上涂的奶油

040

太厚……

在你上学我去赶汽车上班时，你深情地向我高呼："爸爸再见！"我却蹙着眉头对你嚷道："怎么又驼背了，把胸挺起来！"

晚上，一切又重新开始。我在下班路上看到你跪在地上玩弹子，袜子破了好几个洞，禁不住又大发雷霆："袜子是花钱买的，你怎么一点也不知道心疼……"并在你朋友面前押着你回家，使你当众受辱。

孩子，你还记得吗？晚饭后，我在书房看报，你怯怯地走了过来，眼睛里闪着委屈的泪光。我对你的打扰极不耐烦。你在房门口犹豫着，我终于忍不住地吼了起来："你又来干什么？"

这时你没有说话，却突然跑了过来，抱着我的脖子吻我，眼里含满了泪。我简直不敢相信我如此粗暴也减少不了你对父亲的爱。接着，你用你的小手臂紧抱了我一下，就走开了，脚步轻轻地走开了。

孩子，你知道吗？你刚离开书房，报纸就从我手中滑落到地上，一阵强烈的内疚和恐惧涌上心头。习惯真是害我不浅。吹毛求疵和训斥的习惯几乎成了我父爱的象征。孩子，爸爸不是不爱你，而是对你的期望值太高。我是用成年人的尺度衡量你，而且拿很多成年人也难以做到的标准来要求你。细想起来，多么可笑。

而你本性中却有那么多的真善美，你小小的心犹如照亮群山的晨曦——你跑进来吻我的自发性冲动显示了这一切。今晚，一切都显得不重要了。孩子，我在黑暗中来到你床边，跪在这儿，心里充满着愧疚。

这也许是个没有多大效用的赎罪。等你醒来后告诉你这一切，你也不会明白，但是从明天起，我要做一个真正的爸爸——做你最要好的朋友，你受苦难的时候我也受苦难，你欢笑的时候我也欢笑。我定会把不耐烦的话语忍住。我会像在一个典礼中不停地庄严地说："你只是一个孩子，一个小孩子。"

我以前总是把你当作大人来看，但是孩子，我现在看你，蜷缩着熟睡在小床上，仍然是一名婴儿，你在你母亲的怀里，头靠在她的肩上，仿佛只是昨天的事。我以前对你要求得太多太多了。

这封使无数父母再也不愿训斥、指责和抱怨孩子，使无数父母动容和深思的信同样教我们明白：要爱孩子，而且一定要学会怎样去爱。无论何时，父母与孩子无法泯灭的亲情之爱都是彼此间沟通交流的最好途径，是一座始终存在的桥梁，我们应当小心地通过，而不要让粗暴、偏见、忽视等东西不经意间阻塞这座桥梁，也不要让它被骄纵和溺爱毁坏。

这是中世纪著名的绘画大师乔托的作品……

孩子的视觉发达起来以后，就要培养孩子的观察能力。和孩子一起观赏大师名画是一个不错的选择。

在儿子智力的开启中，绘画的功能是非常重要的，能在善于绘画的父母的培养下成长的孩子是非常幸福的。

你看，这朵花是粉色的。

大自然是小孩子学习的宝库。大自然之中，有无穷的力量可以吸引孩子的兴趣。

1. 孩子出生后，你给孩子安排日常饮食的依据是什么？

_____

_____

2. 给孩子安排日常饮食时，你更关注食物的营养还是孩子对食物
的兴趣？

_____

_____

3. 你如何从小培养孩子的观察力？在培养的过程中，你会使用哪
些道具？

_____

_____

4. 在与孩子的沟通过程中，你能否时刻保持耐心与爱心？

_____

_____

5. 当孩子犯错误或没有达到你的要求时，你会训斥、指责、抱怨
孩子吗？

_____

_____

第三章

给孩子游戏和成长的空间

游戏是人在儿童阶段最纯洁的、最神圣的活动。游戏给人快乐、自由、满足，内部和外部的平静与整个世界的安宁。一个能够痛快地、有着决心坚决地玩游戏、直到身体疲劳为止的儿童，必然会成为一个完全的、有决心的人。

我用游戏的方式教育儿子

游戏是动物的本能，所有动物都喜欢游戏。小猫戏弄老猫的尾巴，小狗和大狗互相咬架，这是为什么呢？根据动物学家的研究，小猫戏弄老猫的尾巴，是为了发展它将来捕捉老鼠的能力；而小狗和老狗互咬也是为了发展它将来能咬死野兽的能力。显然，动物训练下一代是在游戏中进行的。

我对儿子的教育都是采用游戏的方式进行的。首先，当他满6个月时，我就在他的房间四壁大约1米高的地方贴上厚厚的白纸，白纸上贴上用红纸剪下的文字和数字。在白纸的另一块地方，有秩序地贴上简单的单词，如猫、狗、老鼠、肥猪、兔子、帽子、席子、桌子、椅子等。请注意，这些单词都是名词。在另一处并列贴上从1到10的10行数字，在某处画上乐谱图。

因为婴儿的听觉比视觉发达，我决心对儿子从听觉入手教ABC。当我指出ABC字母时，我妻子就像唱歌似的唱给儿子听。当然，因为卡尔毕竟只是6个月大的婴儿，所以，他的感觉就像听耳边风似的。但我们不泄气，天天给他听、给他看，终于奏效了，儿子对字母有了深刻的印象，这使他后来学认字时非常轻松。

我通过游戏训练他的正确发音，让他准确地说出一些常见的同义词、反义词，很快地丰富词汇。像"动物怎么叫"，或让他"指出相同颜色的物品""说出正反词"等就是属于这类语言训练的游戏。

儿子的注意力、观察力、记忆力、想象力、操作能力都是通过游戏玩出来的。智力游戏就是这种玩的重要方式。

在对卡尔的教育里，我将知识融入他的游戏之中，把着眼点放在认识事物、传授和巩固知识上。儿子通过这些游戏，自然会加深对事物的认识、了解，并且巩固这方面的知识。像"哪儿错了""什么动物吃什么"等就属于这种情况。有一次，我把儿子带到豚鼠笼边，事先准备了奶酪、糖果和生菜，接着，我问儿子："豚鼠喜欢吃什么？"儿子也不能确定，于是就自己把几样食物放进笼子里面，过了一会儿，儿子兴奋地得出了答案："它喜欢吃生菜。"这个答案就是儿子自己发现的。我又问儿子："豚鼠是看到生菜，还是嗅到的，还是听到的呢？"儿子摇头说不知道。我就让儿子把生菜嚼得"嘎吱嘎吱"响，可是豚鼠根本没有反应。我又让儿子把绿纸和生菜放在一起，但豚鼠还是辨别出了真正的生菜，于是结论为豚鼠是嗅到的。

如果我问儿子："豚鼠喜欢吃什么？"儿子不知道，然后我念"豚鼠吃生菜"，儿子也跟着念三遍，儿子恐怕连豚鼠是什么样子的都不知道，又怎么可能巩固和深化学到的知识呢？

有的游戏，我让儿子看清楚桌子上盘里放的东西，然后让他闭眼睛或用遮盖物盖住东西，悄悄地取走或调换物品，再让孩子仔细观察，说出取走或调换的物品。问他"什么东西不见了""什么东西变了"等。这类游戏能够训练和发展孩子的观察力、注意力、记忆力和思维能力。

有时我会让儿子闭上眼睛，让他仔细听我击掌、敲桌子等，然后叫他说出敲、击的数目。以这样的方法来训练他的注意力、记忆力和观察力。

我和儿子玩这些可以开发智力的游戏时，多从他的角度出发，从不急于求成。因为我知道，如果去做一些儿子不能接受的事，往往会得不偿失。

为巩固儿子的观察力，我经常和他玩"注意看"的游戏。游戏是这样的：

我用一只手抓住五六根彩色的带子在他眼前一晃而过，并问他有几根。开始时，我在他眼前晃过的速度比较慢，让他有足够的时间注意看它们，后来，速度越来越快，到最后，这个动作只是眨眼间的事。由于我对他循序渐进地进行训练，起初他还不能完全判断准确，但在后来他十有八九都能说对。

这种游戏，往往是我和他一起玩的。如果他说对了，就由他来考我。最初他输的时候比较多，可到了后来，输的便总是我了。每当这时，我的童心大起，并开始责怪我自己的父亲，为什么他在我小时候不这样训练我呢？否则的话，我也不会常常输给儿子了。

有一次，我手中拿着 8 根带子。由于数量较多，开始时儿子总是说不对，他着急得几乎要跳了起来。

"卡尔，我看今天放弃吧。"我对儿子说。

"不，爸爸，请您再来一次。"卡尔坚决要再试一次。

我为了不让儿子失去信心，故意把速度放慢了一些。

"不，太慢了，我能看到有 8 根带子。这么慢，谁都能看到。你再换个数目，要像开头那么快才行。"卡尔一下就看破了我的"花招"，并竭力要求不能降低难度。

没有办法，我只能照着儿子说的去做。这回我把带子换成了7 根，仍然保持最初极快的速度。

第一次，儿子没有说对。第二次，儿子说没有看清楚，说再来一次。第三次，仍然毫无结果。

"算了，卡尔，我想是数目太多，似乎太难了些。"我劝儿子停下来，"恐怕爸爸也说不出准确的数目。"

"不，再试试。"儿子坚持道。

就这样，我们一次一次地做下去。

最后，到了第 18 次的时候，儿子终于说对了。我肯定他不是瞎猜的。因为从他的神态中我看到了他抑制不住的喜悦。

后来，轮到儿子来考我，三五次下来，把我弄得晕头转向，不得不服输。

这种"注意看"的游戏还有许多。比如，我给儿子一个有各种图案的小花瓶，让他观察一分钟，然后叫他背着花瓶说出上面有几朵花或有几条鱼的图案。由于经过了长期的训练，他总能准确地说出来。

有时我还把他带到一个房间中待一会儿，让他仔细观察房间中的东西，然后让他出去。之后我把房间中的某件东西拿走，或是在房间中摆放本来没有的东西，然后又把他带到那个房间中，叫他说房间中的变化。比如，他会说，"少了一个水杯，多了一把扇子……"

有一次，我干脆采用了一个"捉弄"他的方法。

像往常一样，我和儿子一同走进厨房，并让他观察里面的摆设和事物。然后，我让他离开一会儿。

不久，我又让他回到了厨房。

我站在门外，让他独自进入厨房，并问他："这回有什么变化呢？"

"唉，有些奇怪……"儿子东看看西瞧瞧，似乎在想着什么。

"没有什么变化呀！"儿子对我说。

"不，肯定有变化，你再看看。"我笑着对他说。

其实，他离开厨房的时候，我的确没有动厨房里的东西，没有增加，也没有减少。但变化肯定是有的，就看儿子能不能意识到。

由于我告诉儿子说肯定有变化，他就更加仔细地观察。

我在门外忍不住笑了起来。

"爸爸，你笑什么？肯定没有变化，你在捉弄我。"儿子不高兴了。

"不，肯定有变化。"我对儿子说，"再看看，那么我给你一个提示，厨房中是少了某个东西。"

我靠在厨房的门框上，冲着他笑。

这时，卡尔忽然意识到什么。他仔细地看了看我，发现我虽然靠在门框上，却没有向门里跨进半步。

"哇！爸爸，你真坏。"儿子大叫起来，"好啊，你敢捉弄我，原来厨房里少了个大坏蛋。"

儿子这时完全明白了，厨房中的东西什么也没有变化，只少了我。因为第一次进厨房时，我是和他一块进去的，可第二次我没有进去，始终站在门外。

我平时就是这样和儿子一起游戏，一方面训练他的观察力，一方面训练他的反应能力。

那么培养孩子想象力的方法有哪些呢？

父母们可以从给孩子讲童话、神话开始。记住，谨慎选择这些故事，不要让暴力的、负面的内容过早进入孩子的心灵，也不要选那些平淡无奇、毫无新意的故事。在故事结束之后，应当与孩子共同讨论其中的内容，甚至尝试着和孩子一起改编故事的结局。

有一天，儿子和邻居的孩子一起玩捉迷藏的游戏，小伙伴们都是选择有遮掩的地方，往往躲在门后面或者是院子里的灌木丛中。由于平时都是这样，所以往往很容易被发现。这一次卡尔充分地展开自己的想象力，他并没有藏在通常的地方，而是用一块很大的花布将自己包裹起来，堂而皇之地躺在沙发上。

躲着的孩子一个个地被发现，只有卡尔一个人藏得很隐秘，始终没有被找出来。游戏结束后，孩子们仍然没有找到他，于是开始着急起来。他们找到了我，对我说卡尔失踪了。

当时我也感到很奇怪，房间只有那么大，卡尔会躲在哪里呢？是不是跑到外面去了？可是在他们玩游戏的时候我一直在房门口，并没有看见他出去。

"卡尔，你赢了，快点出来。"我在房间里大喊起来，可是始终没有看见他。

孩子们一边喊一边在房间中四处寻找，但没有发现卡尔。大家都为这件事感到奇怪，都说卡尔一定是消失了，否则不可能找不到他。

我和别的孩子们无奈地站在客厅中，猜测他到底躲在了哪里。突然，我听见隐隐传来的声音，那是卡尔的笑声。

在那一瞬间，我发现了沙发上胡乱卷放的一堆花布。原来是这样，原来躲在这里。由于他当时身体很小，再加上他蜷缩在角落之中，所以不仔细察看，根本无法找到。

我问儿子："你怎么想出了这个办法？"

儿子说："别人总认为我会躲在某个不易找到的地方，我却偏偏就待在客厅中最显眼的位置上，你们谁都没有想到，不是吗？我之所以想出这个方法，完全靠我与别人不同的想象力。爸爸，你不是对我说过想象支配整个世界吗？现在我首先用想象支配捉迷藏的游戏。"

在游戏中培养孩子的各种能力

在儿子的成长过程中，我经常带他去参加各种活动，让他感受外部世界，丰富他的感性经验。我不断地诱导他用看、听、说、做、尝等方式参与游戏活动，让他养成善于观察的习惯。我还在游戏之中加强对儿子的语言指导，促使他用语言的作用去分析感知到的事物，以便有效地发展和提高他的观察力。

在与儿子游戏之中我还发现，丰富多彩的东西容易引起他的注意力，而枯燥乏味的活动容易造成他的注意力分散。游戏在孩子的心目中占有重要地位，只要游戏有浓厚的趣味，孩子就会乐此不疲，全力以赴。

注意力是伴随感觉、知觉、记忆、思维和想象等心理过程的一种心理特征。注意力的集中和分散，对孩子的发展影响非常大。一个漫不经心、注意力不集中的孩子能够取得大的成就，是不可想象的，所以对于儿子，我非常注重培养他的注意力。我尽量把游戏做得有趣，这样很容易集中他的注意力。

在游戏之中，我还尽力去培养儿子的记忆力。因为记忆在孩子心理发展过程中具有重要的作用。孩子通过记忆感知过去的经验，在大脑中留下印象，从而促进心理的发展。记忆力的差异主要表现在记忆速度、准确性、持久性、准备性和灵活性上。记忆对于孩子的个性、情感、意志等都有重要意义。

为了培养儿子的记忆力，我绞尽脑汁，想出了很多办法，也取得了很大的成效。

我细心地为儿子提供丰富的游戏材料。我发现那些具体、直观、生动的形象会唤起他对过去感知过而非眼前的事物，经过不断地重复，他的记忆就非常完整和准确了。我时常运用语言对行为和实物进行描述来唤起他的记忆，因为孩子的头脑中，形象与语言、词语的关系是十分密切的。

有了很强的注意力和观察力，儿子的记忆力很快得到发展。到后来，只要他见过的东西都记得非常清楚。

每当我和儿子经过某个地方，过后我就会要求儿子把刚才见到的东西说出来。比如，当我们经过水果店后，我就会问他，水果摊上都有些什么水果。

每当这时，他就会掰着手指说："有苹果、梨、西瓜，还有葡萄……"

我发现，这一类的游戏对发展儿子的记忆力十分有效。在卡尔5岁时，他几乎能做到任何事物都过目不忘。只要他看过的书，除非太难太长，他都能一字不差地背诵下来。这些事时常让他周围的人感到吃惊。

有一天，我们家来了一位客人。他是我的老同学，现在是一位有名的儿童教育专家，我称他为"大胡子比利"，因为我的那些同学都是这样称呼他的。

大胡子比利曾在儿子两岁的时候见过他，现在已经有 3 年没有见到了。由于儿子非常可爱，大胡子比利一进门就把他抱了起来。

"哦，先生，您的胡子怎么不见了？"卡尔一开口就问他这个问题。

虽然比利有大胡子的绰号，但他在一年前由于皮肤发炎而早已不留胡子了。他非常奇怪地问卡尔："唉，你怎么知道我曾有胡子？"

"我当然知道的，我小时候见过您，那时可把我吓坏了。"小卡尔非常调皮地对他说。

"你的儿子真不得了，"比利对我说，"我记得 3 年前我只是很短暂地和他见了一面，没想到他居然现在还记得我。"

大胡子比利对我说，他见过很多孩子，但从来没有见到观察力和记忆力这么好的孩子。他还问我是不是儿子天生就有这种才能。

当我给他讲述了我对儿子的训练方法后，大胡子比利非常吃惊。他决定把这种方法应用到他对儿童的教育上，并向他的同行介绍推广。

如果孩子在游戏中表现出超常能力，我就及时增加难度，让他有快速的进展。如果他表现欠佳，我也不着急，只是想办法给予他更多的关心和帮助，激发他的兴趣，让孩子从成功的欢乐之中增加信心，不断进步。

我在对待儿子的游戏上，尽量做得浅显易懂，选择那些儿子可以理解的，或者见得到的东西或事物，我尽量让游戏具体、直观、形象，还让他做些小实验，亲自去发现一些东西。

在开发孩子智力的游戏中，父母应该结合孩子的年龄特征和实际水平，有效地选择和编制这种游戏。游戏的内容不能太容易也不能太难，否则将不会发生正面作用。当卡尔三四岁的时候，我主要采用具体形象、实物跟动作相联系的方法。等他长到四五岁时，难度增大了一点，内容加深了一些，但都是他经过努力可以完成的。我从来不用少见或怪异的问题去为难他。

儿子根据自己有限的知识和生活经历，选择自己喜欢的主题和内容，选用自己喜欢的东西和材料。他虽然是以模仿为基础，但可以充分发挥自己无拘无束的想象力，创造性地构建自己的生活。

在这种游戏中，我让儿子毫无拘束、主动积极、生动活泼地模拟和创造他所体验的世界。通过游戏，让他对自己所体验到的世界加深认识。我时常让儿子自己构思主题、安排情节、分配角色、制定规则。我要他自己去构思、去策划、去组织、去实施。在整个过程中，孩子的创造能力和解决问题的能力会得到充分的发展。在玩的过程中，我和儿子友好相处，相互协调，有时和他一起出主意、想办法。这样，他的协调能力会得到很好的发展。

在孩子的生活当中，很多事情都会使他们感兴趣，很多事都会成为他们最好的游戏。下雪的时候，孩子去堆雪人；下雨时，他会去挖沟渠。他还会用泥沙和石块建造神秘的城堡、雪人、雪墙、雪老虎，似像非像，妙趣横生。孩子冻僵了手，冻麻了腿，但仍然乐此不疲，如痴如醉。

卡尔小时候很喜欢的一种游戏就是搭房子。在游戏之中，他逐渐对前后、左右、上下、中间、旁边等空间有了认识，逐渐形成了高矮、长短、厚薄、轻重、大小等观念。在这种过程中，他学会了有计划、有步骤地进行设计，既有了成就感，也增添了无穷的乐趣。

在搭房子的过程中，孩子必须手脑并用，肌肉得到了锻炼，手眼得到了训练，他的动手能力大大增强，手巧而心灵，潜力得到充分的发挥。由于在着手之前，脑子里面先要有个形象，于是在这种游戏之中孩子也发展了他的形象思维能力。

每当卡尔玩这种搭房子的游戏时，我都要给他很多的帮助。我时常引导他对搭建的对象加以充分地想象，告诉他想象得越具体越好。有时我利用现有的模型、图画去加深他头脑中的形象。这不仅有利于游戏的顺利进行，更主要的是开发了他的形象思维能力。

我积极地为卡尔的"工作"创造条件，面对我的支持，他会更好地调动潜在的能力。我还给他讲一些有关结构建筑的基本知识和基本方法，告诉他怎样将木块铺平，怎样去延伸它们，怎样才能达到合理的受力效果，等等。

我认为，孩子的各种能力都应该从小培养。有人认为像创造力这样的东西应该在孩子长大后才会具有，这完全是个谬论。其实，当一个孩子开始懂得玩耍时，他的创造力就已经开始了。

大多数孩子都喜欢玩泥巴，他们将泥巴揉来捏去，堆出自己想要的形状，这其实是孩子在用最原始的玩具表现自己的创造力。可这使很多父母深感不快，一方面被弄脏的衣裤使父母繁重的家务劳动增加了分量，而另一方面孩子脏乎乎的模样似乎成为其未受过良好家庭教育的证明。父母们竭力阻止孩子玩泥巴，以便孩子保持干净整洁，却不知孩子创造力的发展也因此受到影响。一位儿童教育专家奉劝道："与其阻挠孩子玩泥巴，不如创造条件和孩子一起来玩，只要告诉孩子不要把脏手放进嘴里，玩完以后把手洗干净就可以了。完全不必对孩子玩泥巴大惊小怪，这是他表现自己个性和创造力的好机会。"

让孩子在游戏中学会与别人合作

————————

在卡尔的成长过程中，我非常注重观察他内心世界的变化。在卡尔和小朋友的游戏过程中，我也注意用各种培养他和他人合作共处的意识和技能。其实，孩子不断地与人合作，关键是引导孩子关注自己与人交往、与人合作的方式，关注自己对待他人的基本观念。从一开始，我就注重在游戏中培养他的品性，因为个人的成功与否不光是与他们学识和能力有关，性格往往是决定成败的关键因素，而孩子与别人相处的本事，很大部分源自于游戏中走出自我的世界，学会与别人合作。

在卡尔3岁时，我的一位亲戚来我家做客，他带来了自己的小女儿，也就是卡尔的小表妹。起初两个孩子在一起相处得非常好，由于他们年龄相差不大，又是早已听说过的兄妹，所以在一起极为投缘。可是，在一起待了两三天，他们之间就开始产生矛盾了。

有一天他们在外面的院子里玩，卡尔正在用那些木块搭建房屋，小妹妹也兴致勃勃地给他帮忙。

卡尔像一位工程师，指挥他的表妹做这做那。开始一切都很正常，可是后来小表妹就不听他的话了。她非要把一块圆形的木块放在卡尔没有指定的地方。他们在外面僵持了很久。小妹妹把木块放上去后，卡尔一定要把它拿下来，但小妹妹偏不妥协又重新把它放上去。这样你来我往不知多少次，最后终于争吵起来了。

我和亲戚听见他们的争吵，赶忙跑了出去。

卡尔怒气冲冲地坐在地上，而小表妹在那儿哭，哭得非常伤心。

"怎么啦，卡尔？"我严厉地责问他。

"她不听话。"卡尔说道。

当我弄清楚是怎么回事后开始开导卡尔："卡尔，你比妹妹大，就应该让着她。那块圆形木块放在那儿不是挺好吗？"

"不，那样不好看。"儿子坚持道。他说完就冲过去一脚把还未搭建完的小房屋踢翻，然后头也不回地向房间快步走去。

儿子的做法让我感到吃惊，我还从未发现他有这么任性，也从没见过他发这么大的脾气。

面对这样的情况，我并没有发怒，也没有立即去理会儿子，而是把坐在地上哭的小侄女抱了起来。

晚上吃饭的时候，我特意把儿子和小侄女安排坐在一起。

"儿子，你今天怎么那样对待妹妹呢？"我问卡尔。

"我又没有对她不好，只是为了她不听我的话而气愤。"

"为什么她一定就要听你的话呢？"我问。

"因为她不懂，而我很精通搭建筑。"儿子回答。

"妹妹在搭房子时捣乱了吗？"我问。

"没有。可是我认为那块圆形木块放在那儿不好看。"儿子回答。

"可是你想过妹妹为什么要那样做吗？"我问。

"没有。"

"我认为，妹妹所以那样做是因为她觉得那样好看。"

"可是……"

"卡尔，你平时一个人搭建筑的时候，我们都没有管你，是要你独自发挥想象力。可是今天不同了，既然妹妹也在参与这件事，你为什么不能给她发挥想象力的机会呢？"

"我……"

"今天你和妹妹在一起，不仅应该玩得很高兴，还要充分发挥你们两个人的能力去把房子搭得更好。你要记住，一个人的能力是有限的，要想把事情做得完美，就要集合很多人的力量。妹妹有些地方不会，你应该耐心地教她，而不是任性地胡闹。你想想，如果你有什么地方不懂，而我不耐心地指导你却跟你发脾气，会有什么后果呢？"

我说完后，卡尔一言不发。但我知道他已经明白了我的意思。

第二天，卡尔和小表妹又在一起愉快地玩耍，并且他们合力搭起了一座极为壮观的"宫殿"。

有时候卡尔和他的朋友们一起做游戏，这时候卡尔就会体现出他的合作意识来。他们的游戏是装动物，比如大灰狼，在半小时的时间内，4个人彼此合作将各个部件组装成形。

这完全是一种自发分工的场面。至少有4种独立的工作要一个人来完成：从分别放着各种部件的箱子中取出部件，送到组装地点；再按照拼图的要求摆放各种部件的先后顺序，并递给负责组装的人；一个人专门负责组装牢固，另外 3 人必须随时搭好未完工的大灰狼，以免它倒地摔碎。尽管合作性游戏大家已经做了很多，面对新的任务分工，孩子们仍然要经过一段时间的相互磨合和探索。

卡尔一直都很擅长组装工作，他满心希望亲手组装大灰狼，可是分工时科林、伦道夫和安都想当最后的"工程师"。4 人间确实争执了一会儿，看到时间已经过去了很多，他们仍然各不相让。看看时间，卡尔立刻下了决定，他说："那好，我去开箱子，取各种部件。再不动手，我们就要来不及了。"

科林也忽有所悟，说："那么，我就来负责摆好各种部件的顺序，并负责给安递部件。伦道夫，你的耐性好，你去取部件吧，由卡尔和安负责组装。这样分工，你们看怎么样？"

伦道夫和安也都同意了，因为时间已经不容许大家再犹豫。经过卡尔的首先妥协立场，大家很快确定了分工的方式。分工确定后，组装工作也就有条不紊地开展了。他们终于在 40 分钟内完成了组装，一只野性十足、栩栩如生的大灰狼展现在 4 个孩子的面前，直冲他们龇牙咧嘴。

我与儿子一起玩游戏

孩子希望父母跟他一起玩游戏，这是孩子非常渴望的事情。为人父母，应该有这份"闲情逸致"。有的父母不明白这一点，要么拒绝孩子的请求，要么随意中断正在进行的游戏。这样不仅影响了父母与孩子应有的情感交融，而且打击了孩子参与游戏的积极性。

父母应该积极参与孩子的角色游戏，因为这有利于让孩子体验和认知他人的生活。父母应该经常提醒并鼓励孩子观察日常生活，了解各种人物的活动，特别要让孩子观察父母本身的生活。

父母要有意识地让孩子也当当"爸爸""妈妈"，体验一下父母的滋味。这种滋味尽管是肤浅的，但千万不要忽视它，因为它是有益的。孩子会从中体会到父母的辛劳，不断地加深对父母的理解。

在教育儿子的过程中，我深深地感到在这种游戏之中，父母不仅是一个角色，而且是主谋，要担当指挥行动的重任。

如果孩子违反游戏规则，父母要注意提醒他，但千万不要让游戏半途而废。如果这样，会极大地打击孩子对家庭角色游戏的兴趣和积极性，不良影响是比较严重的。

可以这样说，卡尔之所以能够健康成长，并有了今天这些成就，在很大的程度上都归功于这种父母与他一起玩的过程。这不是我在过分地赞扬自己，可事实就是如此。

父母和孩子玩的时候，一定要仔细去观察他，尽量去了解他的内心世界。即使孩子很小的时候也应该这样。

人们以为几个月的孩子因为太小而什么都不懂，这是大错特错的。

在卡尔五六个月时，我就发现他也是有情绪的。情绪好时，他浑身是劲，那些翻来滚去的游戏玩起来也很过瘾。他似乎从中感到了自己的力量，并且慢慢地学会控制自己力量的能力。情绪不好时，他会感到浑身没劲，如果此时父母再叫他玩这种游戏，他会觉得不舒服，认为自己无能。

孩子的适应能力、反应速度比父母想象的要慢得多，特别是在做游戏的时候。父母陪孩子玩的时候，要根据孩子的反应速度来进行，否则，孩子会心有余而力不足。父母必须顺应他的反应，要有耐心，否则就成了父母的独角戏。我在卡尔很小的时候就发现了这一点。比如我和 6 个月的儿子说话，如果我不断地讲，或只停一下又继续自己的长篇大论，他是完全弄不懂的。又如我递给他一个好玩的东西，他要一个较长的过程才会伸出手来接。这时，我必须耐心等，直到孩子伸手来接，不能把东西直接放在他的手里。如果我亲吻了他一下便马上转身离开，那么他就不会感到有趣，他可能很想给我一个微笑，但我没有给他足够的时间。要跟孩子玩，就应该给他足够的时间。

我认为，最好是孩子的大部分时间都在靠近父母的空间中度过。这样，孩子可以时时得到父母的关爱，不断交流感情。否则，孩子会感到孤独、厌烦，感到不安全。父母应该尽量避免这种情况的发生。为了避免这种情况，可以把孩子带到父母做事的地方去，叫他临时在那里玩。对于儿子，我和他的母亲都时时鼓励他参与我们所做的事，而我们发现儿子也乐意这样做。

比如我在用水时，儿子很想玩，我就让他积极参与。有时卡尔还会帮助母亲扫地、洗碗。这些简单的家务事在他那里都变成了游戏。

每个孩子都是一个独特的个体，他们的适应能力都有所不同。对于孩子的适合程度应该是既能引起他的注意和兴趣又不至于吓着他。有的孩子荡秋千时开怀大笑，有的则吓得大喊大叫；有的对催眠反应灵敏，有的则毫无反应。因此，父母要善于了解自己的孩子，看他的反应适合哪种游戏。

发现孩子的个性是父母的素质。

在我对卡尔的教育过程中，我尽力做得能够让他事事愉快，因为我能理解孩子的心情，同时一起玩耍，我和他都从中得到了无穷的乐意。

对我来说，一生之中最大的幸运莫过于我有一个好妻子。她是一个善良而聪慧的女人。在卡尔的教育中，她也倾注了大量的心血，是一个非常能干而有责任心的母亲。卡尔有这样的母亲，这是他人生中最大的幸福。

我给儿子买了炊事玩具后，卡尔的母亲与其他母亲不同，她不是把炊事玩具交给孩子就撒手不管了，而是借此进一步开发他相关方面的潜能。

卡尔的母亲已经习惯了一边做饭一边耐心地解答卡尔提出的各种问题。并且还监督卡尔，让他用炊事玩具学做各种菜。她母亲还通过各种烹饪游戏来使儿子从中享受到生活和增长知识的乐趣。

有时，卡尔会扮演主妇的角色，而让母亲当厨师。因为卡尔是主妇、妈妈是厨师，所以做厨师的妈妈就得向卡尔请示各种事情。如果卡尔下达的命令不得要领，那就失去了当主妇的资格而降为厨师。

这时，当上主妇的妈妈就发出各种命令。例如，母亲命令他做某某菜，去菜园里取某种佐料等。

如果卡尔拿错了佐料，那么接下来他就连厨师也当不成了，只好被"解雇"了。

我时常听到卡尔的母亲给我讲她和儿子之间发生的趣事。

有一次她对我说："有时让卡尔当妈妈，我当孩子，真有意思。这时卡尔就给我下了各种命令，而我故意不好好做或者干脆不做。如果卡尔没有看出来，那他就失去了做母亲的资格。但是，卡尔一般都能看出来，而且还一本正经地给我提意见。那时，我就说：'请原谅，今后一定注意。'有时我故意不认账，这时卡尔就用我斥责他时所用的语言来训斥我。"

"还有的时候，让卡尔当先生，我当学生。当我故意把卡尔讲得很成功的地方说成失败时，他一发觉了就会批评我。"

我认为，这些游戏对儿子在今后生活中减少失败起了一定的作用。

类似这种演剧式的游戏是很多的，导演当然是他母亲。而且有时母子还将之深化。比如，他们常常演出某个故事或者书本上的某个历史事件的某些情节。

有时还在周游过的地方，进行"旅行游戏"等。通过这些游戏，我们又教给了小卡尔有关地理和历史等方面的知识。

不仅是卡尔的母亲，我有时也会和儿子玩类似的游戏。当然我不是去扮演主妇或厨师，而是扮演将军或士兵。无论是当将军或是士兵，儿子总处在一定的位置。有时，他可能是一个威武的将军，来指挥命令我这个士兵；一会儿，他又会变成一个被我指挥的冲锋陷阵的士兵。

卡尔根据自己的体验和理解，常常把自己的角色扮演得活灵活现。他的扮演充满了想象力和自主性，并且还会按照自己的体验去装扮成不同年龄、性别、身份或职业的人。

我认为这种游戏对孩子有很多好处：可以满足孩子的好奇心和求知欲，可以训练孩子的主动性、独立性和创造性，能够提高孩子的观察力、记忆力、判断力、想象力和创造力，并且能够丰富孩子的内心世界，还有利于提高孩子的语言能力，训练孩子的组织能力。

书本中的故事或童话对孩子有很大的吸引力，可以说是孩子的智慧源泉。我时常引导儿子把这些故事表演出来，有时我和他的母亲也一起加入进去。那是非常有趣的事，连我都觉得玩起来很开心。

这种游戏可以帮助孩子加深对故事的理解，而且还可以开发孩子的创造力。在游戏中，儿子充当各种不同的角色，用不同声调或动作去演绎一些优秀的作品。这对他各方面都会产生有益的影响，特别能够对他的心灵产生美的启迪。

我在同儿子进行这种游戏时，我总是选择一些适合孩子表演的故事。这类故事的内容健康，情节生动，语言优美，角色可爱，表演也比较容易。为了方便儿子理解和记忆，情节的主线都比较简明。一般来说，选择的故事对话很多，以培养他的语言能力。在表演之前，我会把故事给儿子讲清楚、讲明白，不仅让他明白自己扮演角色的语言和动作，还让他明白整个故事和其他角色。比这重要的情节我都更加仔细讲述，让他加深对故事的理解。

为了调动儿子的表演积极性，我尽量让孩子参加准备工作并为他创造一种环境和气氛。我时常告诉儿子，不要太拘泥故事本身，可以大胆想象、自由处理。无法表演的东西，如爬山、过河等，我就教他用象征性的语言和动作来加以表现。

在表演的过程中，我一般会进行适当的指导，让儿子知道自己干些什么、充当什么角色，并对自己担任的角色产生兴趣。有时候，我会为他做些示范来提示他的表演，但从不要求他一定要照着我的方法去做，因为这样会减少给他想象和创造的机会。可以这样说，卡尔的童年几乎是和我们一起度过的，他一直保持着孩子的天真童趣。

我告诉儿子：游戏只是游戏

有些孩子由于没有得到家庭细致的教育，不懂得是非善恶。由于父母没有教给他们最好的度过童年的方式，他们闲散、无聊。他们不知道世界上有许多美好的东西，他们不知道读书，不知道书本的魅力，更不会在文学、艺术中得到快乐。由于没有人给他们任何的指导，他们怎样去度过本应该美好的童年呢？有的孩子成天无所事事，有的孩子以打架和欺负别人为乐，更有的沉浸在邪恶的赌博之中。我丝毫看不见这些孩子有什么美好的未来。

这些孩子是不幸的，因为他们没有受到父母的良好教育，没有一个能给他们有意义的童年的家庭。

有人会说，孩子的性格和才华都是天生的。他们经常说："我的那个孩子坏透了，简直不学好，怎么教他都没有用。"每当听到这样的说法我都感到悲哀。你自己都不相信孩子，弱小的孩子还会有什么好的发展呢？

我可以毫不客气地告诉这样的父母：你们不配做人的父母，孩子本身是好的，他们的一切过错都归结于你们。

由于上述的各种原因，在卡尔对同伴的选择上我表现得非常严格。我尽力将他和那些有相同爱好的孩子组合在一起，他们可以在一起就某个问题进行探讨，可以相互学到一些好的东西。

我经常看到卡尔和某个孩子一起朗诵诗歌，扮演某个戏剧里的角色，有时候会为某个问题进行争论。每当这个时候，我绝对不会去打扰他们，并为此而感到欣慰。

放任不管就会使孩子不加选择地和任何一个孩子一起玩，从而有可能沾染上各种坏习惯，有时还有可能染上一些坏毛病。我常常看到一些没有管束的孩子们聚在路旁赌博，他们在一起打架，互相用肮脏的语言谩骂着。不知有多少次，我去劝说这些孩子，也不知道为他们拉过多少次架。

每当看到这样的情景，我都感到非常寒心，他们本可以接受很好的教育，成为有礼貌、有学识的孩子，可他们并没有那样。

这些孩子很不懂事，常常互相抛甩石头，结果造成流血、受伤，甚至眼睛被打坏而致残，这是多么可怕的事！即使是抛雪球，有的孩子也去选那种像石头一样硬的冻雪块，使对方受到各种伤害。

我看到那些瞎眼睛、缺鼻子、少指头、坏了脚的孩子时，就常常询问其原因，结果大都是在玩耍中受伤所致。这使我时常感到毛骨悚然。

卡尔曾经也有一群小伙伴，可当我发现那帮孩子有多么粗野时，便再也不让儿子与他们玩了。在这里，我并不是想说那些孩子本身有什么不好，但孩子毕竟是不懂事的，由于没有大人对他们做出指导，他们经常做出一些傻事来。

安迪是一个健壮的男孩，可以说是那一群小孩子的领导人物。

他有威严、聪明，而且有非常强的组织能力，他经常带着那些比他稍小的孩子玩打仗的游戏。

或许安迪天生就有这种才能吧，他把自己的"军队"管理得井然有序。但是有一天，这位"英雄"终于被"敌人"打倒了。

那天，安迪将小伙伴们分成两部分玩攻城堡的游戏。安迪带领五六个小朋友守城堡，另外的几个人扮作攻城的敌人。

安迪挥舞着他的宝剑，一根木棍，英勇地站在一辆拉货的马车上。他一手叉腰，一手拿剑，他将两只脚踩在高大的马车轮上，口中喊着自己的同伴："把敌人打下去……"这真是一副大英雄的气派。

当时儿子卡尔也在其中，他和安迪并肩作战。"敌人"将石块、树枝向他们猛烈地投掷过来。安迪用"宝剑"把它们一个个地打翻在地。

"一定要守住城堡。"这是安迪和伙伴们一致的想法。可是敌人的冲锋越来越猛，他们终于抵挡不住了。

敌方中的一人，可能是他们的领袖，冲到了马车上，趁安迪不注意时向他的背部狠狠地踹了一脚，安迪"啊"地叫了一声，从马车上栽了下去。

当时，我正在家中接待一位客人，正在和那位远方来的客人谈论教育孩子的问题。卡尔却慌慌张张地跑回了家，他还未进门时我就听到了他惊恐的叫喊声。

"爸爸，不好了……出事了。"

从儿子的表情看来，我知道一定发生了不同寻常的事。

在儿子的带领下，我和客人匆匆地赶到出事的现场。那种情景使我终生难忘，连我的客人都惊恐万分。

当安迪从马车上摔下去的时候，正好踩在一把放在地下的镰刀的木柄上，也许是太巧了，那把镰刀从地上弹了起来，刀锋正好插进安迪的大腿里。

安迪倒在地上，疼痛让他大喊大叫。孩子们没有谁敢去取下镰刀，是的，那太恐怖了。安迪的腿上全是血。

"安迪真是个大英雄。"事后卡尔这样说。

"儿子，你真的以为他是个英雄吗？"

"是的，他为了保护城堡才受的伤，他表现得很勇敢。"卡尔的眼睛中流露出敬佩的目光。

"不，儿子，安迪的做法不叫英雄；至于把他从马车上端下去的那个孩子，更是显得无知。"

"爸爸，您不是说过做人应该勇敢吗？安迪不勇敢吗？"

这时，我发现孩子是多么单纯，他们分不清哪些是应该做的，哪些是不应该做的。

"儿子，今天你们在做什么？"

"我们在玩攻城堡的游戏。"

"对了，那只是一个游戏。那不是真正的战斗。"我抓住"游戏"这个字眼开导他，让他分清什么是真、什么是假。

"儿子，我知道你们都喜欢那些英雄人物，可是，你要知道，英雄并不意味着鲁莽，并不意味着不顾一切地打打杀杀。"

我抚摸着儿子的头，仔细地给他分析其中的对错：

"既然你们是在玩游戏，而且你们都是好伙伴，为什么非要真打呢？这种打仗的游戏很容易把朋友变成敌人。你看，安迪很有可能会永远记恨把他踹下去的那个孩子，因为他受到了伤害。本来很要好的朋友变成了敌人，或许有一天安迪还会去找他报仇呢。我不希望让你和你的朋友们心里面产生仇恨。仇恨会产生邪恶。"

"可是安迪的确很勇敢啊。"卡尔还是没有懂其中的道理。

"我相信他是个勇敢的孩子，也很聪明。但如果成天这样打打杀杀会有什么结果呢？今天被镰刀砍伤腿，可能明天会被石块打坏眼睛，后天又会被摔断手臂。这有什么好结果呢？一个屡屡负伤的孩子，长大后什么也干不了。如果他想当一个将军，那么现在就应该懂得保护自己。一个缺胳膊少腿的人，怎么能够去领导军队打击敌人？"

"你们是孩子，不能把握好游戏的分寸。你要知道，游戏仅仅是游戏，不能真刀真枪地干。如果有一天你们上了真正的战场，敢和敌人去拼个你死我活，那才算真正的英雄。"

"爸爸，我懂了。"

孩子们在游戏中受到的伤害来源于他们的无知。如果父母不能对他们加以细心的开导，结果往往是极为可怕的。

我时常告诫卡尔，不要去参与那些孩子的斗殴，那种伤害比玩游戏中的伤害更加严重。那只是对身体的伤害，更重要的是会在孩子幼小的心灵中留下不健康的阴影。

◇ 在游戏中成长 ◇

因为婴儿的听觉比视觉发达，卡尔·威特对儿子从听觉入手教 ABC。当他指出 ABC 字母时，他妻子就像唱歌似的唱给儿子听。

将知识融入游戏之中，把着眼点放在认识事物、传授和巩固知识上。孩子通过这些游戏，自然会加深对事物的认识、了解，并且巩固这方面的知识。

这一类的游戏对发展孩子的记忆力十分有效。在卡尔·威特的儿子5岁时，他几乎能做到任何事物都过目不忘。

好父母日常家教演练

1. 你会和孩子一起玩游戏吗？你和孩子经常会玩哪些游戏？

_____

_____

2. 在和孩子玩游戏时，你会通过游戏的过程来培养孩子的能力吗？

_____

_____

3. 你如何提醒孩子在玩游戏时注意安全？你会注意为孩子准备游戏中的安全设施吗？

_____

_____

4. 在孩子的游戏中，你会扮演什么样的角色？你会如何加深孩子对你扮演角色的印象？

_____

_____

5. 当孩子沉迷于游戏时，你如何让孩子分清游戏与现实？

_____

_____

第四章

培养孩子好的性格

要注意你的思想，因为思想会产生行为；要注意你的行为，因为行为会养成习惯；要注意你的习惯，因为习惯会形成性格；要注意你的性格，因为性格会影响你的一生。

性格也是能力

　　我让儿子学会许许多多的东西，但绝不想把他变成那种呆头呆脑、形同枯木、板着面孔、难以接近的人，我应该对儿子长大成人后的行为负责。如果儿子只是一个满腹经纶、知识丰富的人，却不能像其他人一样适应社会，不会对其他的人有所帮助、有所贡献，那样的话，我一定会感到难过和愧疚的。

　　在儿子很小的时候，我和他的母亲非常细心地照料他，但从不娇宠、溺爱他。我很少将儿子抱在怀里，而是让他随便地爬。父母应该是孩子最早的教师，而不应该是他的保护神。当儿子不慎摔倒在地时，在大多数的时间，我不会去扶起他，而是让他自己站起来。儿子应该从这些小事中学会独立的能力，他应该明白，他不能永远依靠父母，而要靠自己。

　　我认为，对孩子独立能力的培养，是对孩子的一种真爱，那种对孩子的娇宠和过分的呵护只会让孩子在将来的生活中吃尽苦头，那可怕的结果只能是一种罪过。

　　缺乏忍耐、不能自我克制是没有修养的，是会令人瞧不起的。

即使是孩子，如果不能学会忍耐，将来也不会有大的作为。在我的家庭中，如果儿子受到伤害，即使他大哭也绝不会在我这里得到过分的安慰和同情。时间长了，儿子渐渐地就会明白，他是生活在一个只能依靠自己的环境当中，不管是哪种痛苦，都不应该求助别人，要自己忍耐。日复一日，儿子慢慢地形成了一种坚韧不拔的性格。

坚韧不拔，在我看来是世上最了不起的美德。它是与上帝同在的。

我对卡尔的教育，除了培养他学习知识之外，更是把培养他的优良性格放在很重要的位置。我为了让儿子具备各种能力和美德，一开始就从日常生活的点点滴滴中对他的性格形成进行长期的潜移默化的熏陶。

我深深感觉到，父母以及其他家庭成员的行为，对孩子的成长起着决定性的作用。家庭是孩子成长的摇篮。我们的言谈举止、行为作风，无时无刻不影响着孩子。

我是一位牧师，并且自认为还称得上是虔诚的信徒。对于卡尔性情方面的培养，我一直是特别注意的。我不想让卡尔成为那样的孩子：本人是牧师的儿子，熟读圣贤之书，却整天油腔滑调，胡作非为。这样的人，即使具有非凡的才华，那也是无济于事的。因此，卡尔从小就受到特别虔诚的教育，以精通圣书而著称，尤其是基督教教义，他全部背了下来，而且确实照教义指导行事。

无论是我的朋友还是邻居，绝对看不到我对儿子没有理由地娇宠，儿子犯了错误一定会受到纠正。我是在尊重儿子独立人格的前提下，对他进行应有的约束，让他明白，他的行为不是没有边际的，不可为所欲为。

无论对什么人，我都教他必须懂礼貌，说话客气，对父母也不例外。让他知道懂事而有礼貌的孩子才会受到夸奖。

在儿子很小的时候，我就开始培养他独立生活的能力。对孩子的溺爱和娇宠是孩子独立人格形成的最大障碍。我让儿子学会尊重他人和自我克制，知道自己应对自己的行为负责。而对我个人来说，作为一个孩子的父亲，也应该为儿子日后的独立生活负责。

有人认为我只是热衷于发展儿子的大脑，这是错误的。在对儿子的教育上，我特别下力气的与其说是智育莫如说是德育。我不想把儿子变成个聪明却不近情理的人。

我认为，性格就是能力。如果一个人的性格开朗直爽，那么他就很容易被人接受，交往活动范围广泛，就有走向各种人生道路的可能性。如果性格孤僻，他的交往活动就只会在狭窄的范围中，做任何事情都不愿同人们直接配合，结果往往是半途而废，走向人生道路的可能性就一直处于关闭状态。从某个方面来说，性格是决定一个人成功与否的关键。所谓性格，是在孩子的生命力顺应环境条件的过程中逐步形成的。孩子一生下来，根本不存在什么直爽开朗的性格或孤僻内向的性格。性格是孩子的生命和作为生存能力而表现出来的一种姿态。

有的孩子性格直爽开朗，有的孩子孤僻内向。我认为这些不同的性格既不是天生的，也不是孩子独创出来的。当孩子的生命力作为现实生活的能力得不到充分锻炼时，总觉得自己与现实生活相脱离，不能很好地去适应，其结果就体现在孩子失去原有的那种直爽、开朗、刚强等天性，反而出现了与原有天性不太一致的不良性格。

性格是会改变的，而且会不断地改变。一旦生活环境发生变化，人的性格也有可能变化。这种性格的变化是由于不能适应变化了的生活环境所造成的。

虽然性格会改变，但我相信，性格的基础是早期生活奠定的。最初几年的生活习惯、父母的态度、家庭气氛，都会慢慢改变孩子的性格特点。因此，每一个习惯在其开始形成时都特别重要。

在卡尔的成长过程中，我一直在仔细地观察他，尽量做到在不使他自尊心受到伤害的情况下去了解他的内心世界。目的是想在他有烦恼的时候给予他及时的帮助。如果他有什么不顺心的事，我会想尽一切方法使他将苦恼一吐为快，尽力不让他把不高兴的事闷在心里。我希望儿子能够成为开朗而快乐的人。

有一天，我从外面回来，看见卡尔独自一人坐在院子里出神，他的表情看起来有些忧伤。因为儿子的性格一直比较开朗，他今天的举动让我感到奇怪。我于是就向他走了过去，蹲在他的面前问他发生了什么事。

儿子抬头望了望我，轻声地叹了一口气，又重新埋下了头。

"卡尔，怎么啦，有什么事令你那么不高兴？"我问道。

儿子仍然一言不发。

"儿子，爸爸最爱你了，你有什么事不应该瞒着我。你每次有困难不都是爸爸帮助你的吗？"我看见儿子今天的模样，断定他一定有什么事憋在心里，或许还是一件对他来说挺大的事。

"卡尔，爸爸对你最大的希望，就是想要你成为一个快乐的人。其实，无论什么问题都能解决，只要你有一颗快乐的心。"

我继续对他说，尽力通过语言去开导他。

"爸爸，我觉得我不是个男子汉。"卡尔终于说话了。

"为什么？"

"因为我遇见了肯特尔，是村里一个农夫的儿子。他嘲笑说我不够健壮。他还脱了上衣冲着我显示他的肌肉，他说像他那样的才是男子汉，而我不是。"

其实卡尔的身体一直很好，非常健康，但确实算不上一个非常强壮的孩子。本来这不是一个问题，但他却在这时受到了伤害。弄清楚了儿子不高兴的原因，我就开始给他讲一些关于男子汉的道理。

"卡尔，你要知道，一个男子汉并不只是身体强壮。真正的男子汉需要有智慧，有坚强的毅力，并且敢于承担生活中的一切困难和挫折，应该有超人的勇气。

"你仔细想一想，你现在还是个孩子，就已经掌握了那么多的知识，又懂得那么多的道理。等到你慢慢长大，这些知识和道理就会慢慢转化成智慧。而且，依我看来，你一直是个勇敢的孩子。虽然你的身体在孩子中不算是最强壮的，但也很健康。肯特尔是个农夫的孩子，每天要帮助家里做很多活，而且他的年龄比你大，他比你健壮是很正常的。我想，等你再长大一点，平时又坚持锻炼，以后肯定会比他更强壮的。

"肯特尔这样对你说话，是非常不礼貌的行为，你干吗要理会他呢？还有，你作为一个男子汉最重要的就是要有独立的头脑，这样才不会轻易被别人的评论干扰。"

卡尔听到我这样说，顿时欢欣鼓舞起来。起初的烦恼是由于听了别人的评价而对自己某个方面产生了自卑感，而他想通了其中的道理后，自信心又重新被找了回来。

我不知道其他的父母在面对这种情况时是怎么处理的。但是我认为，在这种时候不给孩子讲清道理，不打通他思想上的障碍，很有可能使孩子将这一问题永远埋在心里。那么他就会常常为此而烦恼，会直接影响到他的性格，或许一个原本开朗的孩子会由此而变得孤僻、消沉。

对于卡尔的教育，我就是用以上描述的诸如此类的办法让他时刻处在快乐和开朗之中的。

我认为，孩子是否有优良的性格，在很大程度上决定着他能否成为一个全面的人才，也决定着他是否在将来有所成就。

从小卡尔的成长过程中我发现，注重培养孩子快乐的性格，有利于孩子健康成长。那么，如何培养孩子的快乐性格呢？以下几个方面是我的经验之谈：

第一，加强同孩子之间的感情。在培养孩子快乐性格的过程中，友谊起着重要的作用。因此父母要鼓励孩子与同龄人一起玩耍，让他们学会愉快融洽地进行人际交往。

第二，给孩子提供决策的机会和权利。快乐性格的养成与指导和控制孩子的行为有着密切的联系。父母要设法给孩子提供机会，使孩子从小就知道怎样使用自己的决策权。

第三，教孩子调整心理状态。应使孩子明白，有些人一生快乐，其秘诀在于其有很强的适应能力，这使他们能很快地从失望中振作起来。在孩子受到某种挫折时，要让他知道前途总是光明的，并教孩子注意调整心理状态，使他恢复快乐的心情。

第四，限制孩子的物质占有欲。因为给孩子东西太多会使其产生"获得物质享受就是得到幸福的源泉"这样一种错觉，所以应结合事例教育他们，人生的快乐不能仅与物质财富的占有画等号。

第五，培养孩子广泛的兴趣。平时注意孩子的爱好，为孩子提供各种兴趣的选择，并给予孩子必要的引导，孩子的业余爱好广泛，自然容易拥有快乐的性格。

第六，保持家庭生活的美满和谐。家庭和睦，也是培养孩子快乐性格的一个主要因素。有资料表明，在幸福的家庭中成长起来的孩子，成年后能幸福生活的比在不幸家庭中成长起来的孩子要多得多。

乐观远远超出了比较自信的思维，是习惯性的思维。词典中的定义是这样的，乐观是"一种性格或倾向，使人能看到事情比较有利的一面，期待最有利的结果"。

乐观的人不易患忧郁症，在学校和工作中都更容易成功，令人吃惊的是，乐观者的身体也比悲观者更健康。而且最重要的是，即使孩子天生不具备乐观品性，也是可以培养的。

乐观是一种积极的生活倾向，乐观的环境可感染人形成乐观的情绪，在乐观情绪支配下的人热情愉快，无论是学习还是工作都更容易获得成功。乐观的真正意义是精神上的富有，乐观就是财富。悲观是与乐观相抵触的消极心理倾向，在悲观的心理驱使下做事的成功率降低，悲观吞噬了人们对未来的美好希望。

人生活在复杂的环境中，遇事抱有乐观的态度还是悲观的态度，不仅体现了一个人心理承受能力的高低，而且更有现实意义的是，能否使自己从困境中走出来，以乐观的情绪去赢得成功的机遇和希望。长期自卑会使人精神脆弱，总是担心不幸的事情将会来临，整天忧心忡忡，对工作和学习失去信心。在漫长的人生中形成对事物的乐观态度，孩子的成长就会更顺利一些。

孩子在生活中常常会遭到老师的批评、同学的欺负、家长的训斥，也会遇到学习上的困难，在这种情况下，往往会朦胧地感到自己能力不足，这些足以使一个对生活没有经验、持悲观态度的幼小心灵产生恐惧感，如果处理不当就会出现我们不愿意看到的不良后果。在孩子的成长中需要乐观情绪的鼓舞，成人后更需要持乐观的态度去争取人生的幸福。

乐观是一种积极的生活态度，乐观的孩子比悲观的孩子更易成功。用乐观积极的心态对待生活很重要，这是孩子应具备的良好品质。我总是用乐观的方式批评孩子，这样便产生了良好的效果，因为批评孩子的方式有正确与错误之分。方法正确与否，显著地影响着孩子日后性格的乐观与悲观。

首先，批评孩子的第一要点就是恰如其分。"过度批评会给孩子造成过度的内疚和羞辱感，超过了使孩子改错的度。而不批评孩子又会使孩子丧失责任感，磨灭其改正错误的愿望。"

其次，掌握乐观的解释性的方法，实事求是地解释问题，指出犯错误的具体原因，使孩子明白自己所犯错误是可以改正的。

有一次，我要求卡尔把自己的房间打扫干净，但他却把我的话当作耳边风，房间乱得一团糟，自己却出去玩了。那天正好有位地产代理商来看房子，我很生气，但我后来还是用乐观的解释性的方式对他说：

"卡尔，今天有位地产代理商来看房子，你不打扫自己的房间，我就得替你打扫，结果耽误了其他重要的事。保持你房间的干净，是你自己的责任，而不是我的责任。"

小卡尔低下了头，一脸愧疚的神情，从此以后，我再也没有看见过卡尔不打扫房间，而且，每次都是带着快乐的心境去完成的。

儿子的事情，让他自己做

幼小的生命来到这个大千世界，由于他们的弱小，他们会感到束手无策。但是，尽管他们是那么的脆弱，但仍然有勇气进行各种尝试，学习各种方法，使自己适应，使自己能够融入世界之中。

我坚信，不管儿子现在有多么弱小，他终有一日会成为能够在世界上立足的强者。我付出全部的爱去帮助他来尝试融入这个新世界，让他去学习他不懂的东西。

虽然他年幼、弱小，但我从来不怀疑他的能力。很多人认为只有在某一个年龄段，孩子才能做某一种事情。

我从来不这样认为，我看重的是在儿子幼小的心灵中建立起的自信心。

卡尔两岁时就主动地帮助母亲收拾桌子。每当家中的客人看到他手中拿起一个盘子的时候，他们总会说："卡尔，小心，不要把它打碎了。"在这样的情况下，我会对好心的客人说："没什么，卡尔会把它们收拾好的。"

好心的客人不知道，如果我不允许儿子去碰那些盘子，或许我会永远保住那个盘子，但一声"不允许"会在他的心灵上留下一个阴影，可能会推迟他某种能力的发展。邻居家的孩子米歇尔就是一个典型的例子：

米歇尔看见妈妈每天都辛苦地做家务，他觉得有必要为妈妈做一点事情，帮妈妈的忙。他对妈妈说："妈妈，每天我放学回家就帮您做一点家务吧！"妈妈听了很高兴，问："你希望帮妈妈做什么呢？"米歇尔歪着头想了想，说："我是个男子汉，我应该干重活。妈妈，我帮您拖地吧！"妈妈高兴地答应了。

第二天放学回家，妈妈还没回来，米歇尔就主动把水桶和拖把拿出来，装上水，然后认认真真地拖了起来。他只顾低着头，结果一不小心把一个花架撞倒了。米歇尔听着那美丽精致的花瓶碎了的声音，吓了一大跳，不知所措地站在那里。这时妈妈回来了，看见米歇尔把从中国买来的瓷器花瓶撞碎了，很生气，说："米歇尔，看你笨手笨脚的，还说帮妈妈干活呢！还不够添乱的！"妈妈放下手袋，絮絮叨叨地开始收拾。米歇尔觉得很委屈，站在那儿看着妈妈忙来忙去，都不知道该怎么办。

第二天，米歇尔就不帮妈妈干活了。妈妈好像已经忘了这件事，回来的时候很奇怪地问米歇尔，说："你不是说帮妈妈干活吗？今天怎么不干了呢？"米歇尔回答："妈妈，你昨天不是说我笨手笨脚，只会给您添乱吗？"妈妈这才想起昨天的事，这时她意识到自己昨天的行为已经在米歇尔心里留下了一个结。

当卡尔尝试自己穿衣服的时候，经常把衣服穿反。我和他的母亲从来没有嘲笑或责骂过他。我不能让他觉得自己无能，而是耐心地教他。

我还鼓励他自己收拾房间，即使他的"动作"很糟糕，我也会夸奖他一番。房间收拾得是否整洁并不重要，对于他来说，他已经做了，这已足够。

在这些亲手整理的过程之中，卡尔在探索、在锻炼。我深信只有通过锻炼和闯荡，他才会使自己成为一个有用的人。

对自信心的培养必须从孩子最小的时候就开始进行。父母首先需注意自己对待孩子的态度，不要什么事都替孩子做。因为，孩子们需要一定空间去成长，去试验自己的能力，去学会如何对付危险的局势。不要为孩子做任何他自己可以做的事。如果我们做得过多，就会剥夺孩子发展自己能力的机会，也就剥夺了他们建立自信心与自立的机会。

一个真正疼爱孩子的母亲应关注的是孩子将来是否能自己应付外面的世界。将一个在同情庇护下的、毫无自我生存能力的青年人无助地推向未来的社会是最为残忍的事，这是作为父母不忍心看到的结局。想使孩子能成功地走入门外的世界，必须从小开始培养他的自立与自信，不畏失败。如果我们替孩子做所有的事，便不能达到这一目的。并且在这样的抚养下成长起来的青年，外表坚强，内心却是畏畏缩缩，缺乏勇气而不敢面对现实。

我衷心地希望我们有更多的耐心、用最深沉的爱去激励和帮助孩子化解畏惧困难、害怕失败的内心郁结，并用赏识的目光，看待孩子的一切。

给孩子独立思考的空间

很多父母在孩子小的时候对与孩子的交流及对培养他的责任心未能给予重视，认为孩子就是孩子，他什么都不懂，等他长大了以后再说吧。殊不知，等他长大之后就不会听你那一套了，或者不等他长大已经满身毛病，年轻的生命被浸染得千疮百孔，后悔时，已经太晚了。

没有责任感、没有价值感的孩子，因为找不到自己的生命在社会中的地位与重要性，便会感到迷惘，从而失去创造成就的动力，容易为其他一些物质性的轻浮的事物而吸引，沉溺其中。

对卡尔的教育，我一直力图让他看到自己生活的意义，看到自己的行为能为他人带来影响，让他感到自己是为人们所关注，是有用处的，从而生出自豪感和责任心。随着年龄的增长与社会接触面的扩大，这种责任心与自豪感的内容也会增长、扩大，不只局限于自己的家庭。但从家庭中培养出来的这种感觉却是未来责任感的基础，没有家庭这种基础，孩子长大后对社会、对人类的责任感与使命感便不知从何而来。

在我的家庭中，始终让儿子充当一些有意义的角色，使他感到自己的行为对别人产生影响，同时也培养他战胜自己弱点、增长各种能力的信心。

我和卡尔的母亲常常有意识地分派给儿子一些力所能及且与他年龄相当的劳动任务。比如分担适度的家务，例如打扫卫生、负责为花草浇水等。我们与卡尔平等地交流，认为这是培养他责任心的一种方式，我们不但倾听他的心声、感受，还同他谈些自己的喜怒哀乐。当然，内容应该是儿子所能接受的。

有的人会认为："大人的事怎么可以同孩子讲，我哪里有时间去和孩子闲扯呢？"其实不然，孩子的理解力是很强的，而且对外界的观察很敏锐，只不过他们的心理活动有时被成年人忽略。

我常常会听到儿子的问话："妈妈怎么啦？怎么不高兴啦？"这是孩子关心父母的一种表现，是我们应当积极鼓励的一种倾向。但很多的母亲却这样回答："没有不高兴。"或者说："大人的事，你不懂。"而且以为家里其他的事，更是与孩子无关，久而久之，给孩子留下的印象就是：这家里的事与我没有什么关系，我只要不惹麻烦，衣来伸手、饭来张口就可以了。

我不喜欢这样的父母，他们对孩子的这种忽视只能让孩子失去本来可以培养起来的责任感。

父母除了教会孩子自己的事情自己干，让孩子生活能自理，能帮助做家务外，还要让孩子从思想上做到不依赖成年人，这就要加强对孩子独立思考能力的培养，让孩子做到能独立地提出问题、思考问题、解决问题，养成自觉的好习惯。自觉的培养比起让孩子能生活自理则更进一步了，它是孩子全方位发展的体现，只有做到了自觉，才谈得上尽量不依赖成年人。

自觉包括学习和生活，上面已经讲了生活自理了，接下来谈的是学习上自觉的培养：首先，培养孩子学习上的兴趣和动机，不能在学习上逼得太紧，这容易使孩子产生厌学情绪，应劳逸结合，孩子的学习最好是主动地学而不是被父母逼着学。其次，要培养孩子的学习能力，学习能力的培养与运动能力、动手能力、协调性的培养有关，这些在日常生活中都能培养，所以一定要让孩子自觉地干自己的事。最后，培养孩子的自信心，对孩子要民主，让孩子有自由发展的空间，和孩子一起面对错误、失败，不怕错误、失败，对其加以分析，从中吸取经验教训。

幼小生命初到这个大千世界，世界对他们而言是陌生而又新奇的，因为他们弱小，出现手足无措的情形并不奇怪。然而，无论是多么弱小，他们总有勇气去进行各种尝试，学习各种方法以适应这个大千世界，并融入其中，这是一个过程，明智的父母应该对孩子加以鼓励，促进这个过程，而不是去阻碍这个过程。

当孩子犯错误，或做一件事没有成功的时候，我们不应该用语言和行动向他们证明他们的失败。我们应该清楚，做一件事情失败了只能说明孩子缺乏经验和技巧，并不能证明他本身的无能或是他不愿意做。父母有责任耐心地去指导他们。

作为父母，应该培养孩子敢于犯错误、敢于失败的行为。孩子和成人一样有能力去犯错误，也同样有能力去纠正和改正错误。敢于犯错误和改正错误是同样珍贵的。

只有这样的鼓励才能培养出孩子的自信心和独立能力。所以我在对儿子的教育中，尽量鼓励他去做他力所能及的事。遇到问题的时候，我总是让卡尔尽量想办法自己解决。

对于卡尔，很早我就有意地锻炼他过一种有规律的生活。让他学会周密地计划自己的时间，完成他的学习任务，发挥他的兴趣爱好。这并非是想把他限制在条条框框之中，而是要让他充分地激发自己的天赋才能，以便真正地完善自己。

有一次，我们和一些朋友去做一个为期两天的野外旅游。在走之前，我给卡尔提出了建议，告诉他应该带什么东西。为了培养他自己照顾自己的能力，我让他自己收拾行李。

到了野外后，卡尔发现不仅自己的衣服带得太少，而且忘记了带手电筒。那天晚上天气似乎特别冷。卡尔对我说："爸爸，我觉得冷，衣服没有带够，我能用一用你的手电筒吗？"

我问他："为什么衣服带少了呢？"

卡尔说："我以为这里的天气和城里一样，没想到这儿冷多了，下次再来，我就知道该如何做了。"

我对卡尔说："是的，你应该先了解一下这儿的天气情况，做充分的准备，那样的话，你现在就不会感到冷了。那么，手电筒又是怎么回事？"

卡尔说："我想到了手电筒，但在出发时，忙来忙去，就把它忘了。"

我说："你一定要记住，以后千万不要粗心大意，如果不细心地对待每件事，你就会尝到粗心带来的苦头。"

卡尔说："我明白了，我以后一定要像爸爸出门时一样，列一个物品单子，这样就不会忘掉东西了。"

"没关系，这次我把你忘掉的东西都带来了，你看，这是你的衣服。"我一边说着，一边把他的东西拿了出来。卡尔一下子就向我扑过来，并狠狠地亲吻我。

我虽然一开始就知道卡尔少带了衣服，而且忘了手电筒，这样会影响他的这次出游，但并没有立刻指出来。这样就给他一个机会，在尝试中得到经验。我认为这种方法非常有利于启发卡尔从实践中增长经验。到了最后，我把他忘记带和忽略的东西拿出来，既让他感到了我对他的关心，也让他对这件事加深了印象，促使他以后不再犯这样的错误。

我认为犯错误是很好的学习机会。许多父母在孩子犯错误时，不失时机地大加谴责、恐吓，这种做法的出发点或是基于改进的想法，或是害怕孩子再犯同样的错误。这种想法是对的，但这样做常常产生相反的作用。

孩子们或因害怕受责备而不敢冒险，失去学习新技巧的热情与胆量，或产生反叛心理，反其道而行之。如果父母处理得当，可以将错误转变为绝好的学习机会，教给他们正确的做法，不必害怕犯错误，而是学会从错误中吸取经验教训。不视错误为坏事，不因犯错误而沮丧、气馁，才能使孩子成为一个快乐的人。

有一次，一位16岁的少年找到我，向我倾诉了他内心的苦恼。他说他的父亲酗酒，经常打他的母亲和妹妹们。有一天，他实在无法忍受了，就去问父亲为什么这样。可父亲说："你还有脸问我？你早该去挣钱养活自己和妹妹们了。"当时他很难过，因为他从来没有考虑过这个问题，小时候父母没有教育他应该怎样做。这位少年告诉我，在这之前，他只知道和别的孩子到处去玩，只是吃饭的时候才回家，也从没有考虑过父母和妹妹们的事。那天，他父亲对他说的话令他吃惊。他说，如果早有人教他应该怎么做的话，他可能现在会把母亲和妹妹们照顾得非常好。少年告诉我，他现在觉得自己是个罪人。

多么好的孩子啊！他的天性是多么纯良，只不过是因为没有得到很好的早期教育，而白白地浪费了大好时光。

后来，这个少年经常来找我，诉说他的内心世界，我也尽力帮助他学习知识，教他做人的道理。现在，这个少年已经是个非常棒的小伙子了，他娶了妻子，用自己的勤奋劳动拯救了一个快要破败的家庭。他的努力促使父亲改掉了酗酒的习惯，让他的母亲过上了幸福的生活，并把两个妹妹送进了学校。

孩子的性格决定他成长的方向

孩子一生下来，根本不存在什么直爽或孤僻的性格。所谓的性格，很明显是在孩子们的生命力顺应环境条件的过程中逐步形成的。换句话说，性格是孩子的生命力作为生存能力而表现出来的。直爽性格和孤僻性格，在现实生活能力方面存在着很大差距。

若是直爽性格，就容易被他人接受；社交广泛，就有走向各种人生道路的可能性。若是孤僻性格，社交活动范围就狭窄，做任何事情都不愿同人们直接配合处理，结果往往是半途而废，走向人生道路的可能性一直处于关闭状态。

由此看来，性格也是处理一切事情的能力。那么，为什么会出现有的孩子直爽、有的孩子孤僻的性格呢？这些不同性格既不是天生的，也不是孩子独创出来的。

当孩子的生命力作为现实生活能力得不到充分锻炼时，总觉得自己与现实生活相脱离，不能很好地去适应。其结果就体现不出孩子原有的那种"直爽""乐观开朗""温柔""刚强"等的性格，反而出现了与原有性格不太一致的不良性格。

孩子的任性心理就是父母培养出来的。我认为作为父母一般是不打算通过责备的方法培养孩子的。不过，不打算严格培养，可往往在不知不觉中形成了对孩子的溺爱或者助长了孩子的逆反心理。特别是在当代的社会状况下，更容易把孩子培养成为娇生惯养的任性的孩子。的确是这样。当孩子摔倒哭了，立刻飞也似的跑过去抱起来。这样做本身并不是坏事。但不管任何场合都用上述方法去做，就会把孩子培养成为一种"只要撒娇什么也能办到的"任性心理。

当然，并不是说孩子哭了不管就好。在弄清孩子情况的基础上，也可采取置之不理的态度。

比如说，那天我一个亲戚的孩子在院子里摔倒后大哭起来，他的母亲为之一惊，急忙打开拉门往外看，似乎没有什么特别令人揪心的。于是就喊：

"小宝宝，乖孩子，快起来吧。"

不过，那个孩子哭个没完，不想站起来。于是他母亲关上门，从门缝间看孩子怎么办。不一会儿孩子站了起来，走到廊下，打开了门。当看到母亲那种坦然自若的样子，又跑到院子里倒下哭起来。尽管如此，母亲仍置之不理，这样不知反复了几次，孩子终于认输了，擦干眼泪，回到屋里。

由此可见，孩子希望母亲把他抱起来，若满足他的要求，有时会助长他的任性。但母亲并没有被孩子哭泣的伪装所蒙蔽，采取了置之不理的态度，这一点是很重要的。为了不溺爱孩子，作为父母必须严格要求自己才行。

正在成长的孩子们，能力提高得快，领会也快。但是，对于或多或少有自卑感的孩子来说，尽管做了努力，能力也难以提高。反之，能力成长快的孩子就没有自卑感。他们由于会做而感到高兴，所以，总是满腔热情地努力去做，能力也就不断地成长。

我深深感到无论是父母还是老师，都应该懂得孩子这样成长的规律和对其教育的诀窍。无意之中给孩子造成自卑感的父母，使学生抱有自卑感的老师，在现实生活中这样的父母和老师是何其多啊！

为了消除连孩子自己也没有意识到的、下意识的自卑感，父母要注意说话时的语言，并帮助他树立起有能力"办得到"的自信心，这是指导的诀窍。要孩子出色地去做"办得到"的事，使他树立起由不能变为可能的信心。

性格本身多少会改变，而且会不断地改变。例如，生活环境一旦变化，你的性格也有可能变化。这种性格的变化是由于不能很好适应变化了的生活环境所造成的。

一般说来，父母都指责自己孩子养成了坏习惯，并希望他改正。但如果不反复正确地加以引导，其坏习惯就不易改变。另外，当能力还未培养出来时，即使怎样告诫他也难以纠正过来。

对与现实生活环境不相适应的孩子来说，应该采取使孩子心情舒畅的易于接受的办法。如父母对孩子说："不妨再来试试看，多反复几次就会适应的呀！"这种办法会收到良好的效果。

另外，对孩子的优点要予以表扬，只有发扬优点才有利于克服缺点，使之向正确的方向发展。能力通过什么方法培养都会促进脑力活动的加强。有了此基础，其他事情当然也就好办多了。

很显然，任何知识的灌输、智力和品格的培养都是为了巩固和加强孩子生存和成功生活的能力，如果我们根本就没有把根扎在土地中，那么枝叶生长得再繁茂又有什么用呢？同样，如果我们的孩子不能养成优秀的性格，那么对他的培养只不过是让他成为一个学习的机器，品格的培养也无非是在打造一个供堂中的神像，这又有什么意义呢？

我们说，孩子的性格决定了他成长的方向，主要是说性格是决定一个人成功的关键。从一个相对简单的层面而言，如果一个人的性格开朗直爽，他就很容易被人所接受，交往活动范围广泛，就有走向各种人生道路的可能性。而性格孤僻者，由于交往活动都只局限在狭窄的范围中，做任何事情都不愿同人们直接配合或得不到人们的配合，结果就会半途而废，以致人生道路的前途始终处于关闭状态，丧失大量机会。

从根本而言，一个人性格中自信进取的因素、百折不挠的意志力和勇气等都将直接影响他对前途的选择和把握，决定其生存与生活的方向和方式，决定其发挥自身所具备能量的程度。所以说，孩子能否成为一个全面的人才，孩子未来成长的方向如何，很大程度上取决于孩子的性格。

没关系，让他自己爬起来。

小伙子，小心不要把它打碎了。

放心吧，小卡尔会很小心的。

父母应该是孩子最早的教师，而不应该是他的保护神。当孩子不慎摔倒在地时，应该让他自己站起来。

孩子虽然很弱小，但有勇气进行各种尝试，学习各种方法，使自己适应，使自己能够融入世界之中。

大人的事，你不懂。

妈妈怎么了？怎么不高兴了？

父母应该和孩子平等交流，经常说"大人的事，你不懂"，久而久之，给孩子留下的印象就是：这家里的事与我没有什么关系，我只要不惹麻烦，衣来伸手、饭来张口就可以了。

1. 在孩子能力培养和性格培养方面，你更关注哪个方面？

　　_____

　　_____

2. 你会采用哪些方式消除孩子的自卑感，培养孩子的自信心？

　　_____

　　_____

3. 在日常生活中，你是否关注孩子的情绪？你会如何让孩子快乐
　　起来？

　　_____

　　_____

4. 在日常生活中，你会让孩子独立做他力所能及的事情吗？通常
　　会让他做哪些事情？

　　_____

　　_____

5. 你会鼓励孩子独立思考吗？你对孩子独立思考的结果持什么
　　态度？

　　_____

　　_____

第五章

让孩子在赏识中前进

　　最重要的教育方法就是要鼓励孩子去相信自己，使他有积极进取的人生态度和百折不挠的意志力。同时我用各种方法来教育卡尔，防止他骄傲自满。尽管这样做要花很多的工夫，但我想最终一定会获得圆满的成功。

多用赞赏和诱导的方式

————

对儿子的教育，我把培养他的想象力放在第一位，往往把它看得比知识更重要。不少人教育孩子，总是使劲灌输各种知识，却忽视了他们的想象力。我不主张只把孩子学习知识作为目的，而是主张学习知识只是手段，让孩子通过学习知识去开发他们的各种能力，培养他们的各种能力和素质。

想象力没有一个具体目标，只有在具体活动之中才可以有效进行。孩子越小，这一点显得越重要。

每当儿子在扮演古代骑士、模仿小鸟的飞翔时，我知道这是他的一种想象力的表现，在此时我往往夸奖他做得很好，其效果是不言而喻的。这样孩子年龄越大，想象力就越丰富、越独特。

孩子喜欢听故事，这似乎是一种天性。他们会不厌其烦地让父母讲一个相同的故事，并且经常在父母讲述的过程中查漏补缺，有时甚至添油加醋。这是一个绝好现象，父母应及时进行鼓励，夸孩子有想象力，即使补得不对、加得不合理，也千万不要打击他们的积极性。

儿子有时会虚拟一些并不存在的事情，尽管漏洞百出、前后矛盾，我也没有认为他是在说谎，我力图给他堵补漏洞、化解矛盾。我知道父母的责任应该是夸奖他们的想象力，并引导着他们继续想下去。

通过对儿子的夸奖和诱导，我发现他的想象力越来越精妙、越来越发达。

卡尔小时候，我时常发现他趴在地上，聚精会神地观察两只蚂蚁搬一颗饭粒，这是因为好奇。在这种时候，我绝对不会去打扰他。他有时还会把观察后的结果告诉我，说那只蚂蚁怎么啦，另一只蚂蚁又怎么啦。这时，我会夸奖他观察得仔细。

夸孩子的好奇心，对孩子创造力的培养十分有益。通过夸奖可以使孩子的好奇心更强。我时常把儿子引向大自然，让他去观察花鸟草虫，去遥望满天星星；闪电雷鸣、阴晴雪雨，他会感兴趣；日升月没，昼夜交替，他会不断提问。

对于孩子的好奇心，父母不能感到厌烦，而应该加以保护，并且善于将其引入恰当的轨道。这种夸奖，能把孩子带进知识的海洋，读书，做手工，搞实验，会给孩子带来无穷无尽的乐趣。

很多孩子的大胆想象常常不被父母所理解，这是因为父母心目中有许多条条框框，并且经常用这些条条框框去封杀孩子的创造力。

我认为，孩子的创造力之所以如此大胆丰富，就是由于他们的脑袋里没有什么条条框框，而且根本不想受条条框框的限制。

有一天，我的一位老朋友来我家做客。他看见卡尔正在用蓝颜色画一个大大的圆圆的东西。

他问卡尔："孩子，你画的是什么啊？"

卡尔回答道："是一个大苹果。"

朋友说："可为什么要用蓝色呢？"

卡尔回答："我认为应该用蓝色。"

朋友对我说："我的老朋友，你应该教教孩子。他用蓝颜色画苹果，你应该告诉他那是不对的。"我感到很惊讶，说："这是为什么呢？我为什么一定要告诉他用红色呢？我认为他画得很好，也许孩子今后真的会栽培出蓝色的苹果呢。现在的苹果是什么颜色，他吃苹果的时候自然会明白的。"

孩子的创造力就是在这样的不断地夸赞中培养起来的。如果用要求大人的标准去要求孩子，那么一举手一投足都有许多不合"规矩"的东西。如果对孩子的不合乎"规矩"的行为时时加以"纠正"，那么孩子的创造力就会渐渐消失了。

孩子一生下来就在学习，逐渐形成了自己的长处和短处。扬长避短，优先发展，是每一个父母的神圣责任。

对于不同年龄的孩子，"玩"对他的意义是不同的。"玩"的方法也是变化和发展的。"玩"不仅仅在于"有趣"，而且还在于通过"玩"，孩子可以学习更多的东西，发现许多他认为奥妙的东西。我们知道，玩可以充分运动孩子身体的各个部位，可以帮助他的各个感官的发展，可以开发与培养孩子的智力和创造力。

我看着儿子长大，他的一举一动都在我的观察之中。我发现，对于他来说，并非只有游戏才是玩，吃、喝、拉、撒、动，甚至睡觉都是一种玩。

在儿子有兴趣的时候，我总会让他玩个够，玩得开心。

玩是孩子的天性，这一点很多做父母的都知道。但是怎么玩、玩什么，很多人未必有清楚的认识。很多孩子"玩"得很盲目，为玩而玩。由于这种现象，孩子本来可以从玩之中开发智慧和能力，但却被白白地浪费。应该明白，孩子不能为玩而玩，而是要玩出名堂来。

孩子在玩的时候，充满了积极性、主动性。他们的大脑在飞速地运动，思想在不断发出火花，这对培养孩子的各种能力，特别是想象力和创造力，是其他手段难以与之匹敌的。我们知道，"玩"有生活的影子，但绝不是对生活的照搬，孩子会根据自己的认识和理解去改造生活。父母不应用条条框框去加以限制，这样孩子的创造力才能够得到充分发挥。

孩子对音乐有天生的兴趣，听优美的乐曲可以使大脑得到有效的训练。如果孩子对音乐节奏十分敏感，对音乐十分入迷，那么这个孩子可能有音乐天赋，父母应该提供更多的"音乐奖励"，孩子一表现出这方面的兴趣，父母就应该用各种方式进行"奖励"。

孩子的绘画才能是从分辨各种颜色开始的，如果孩子对颜色有很大的兴趣，并且经常在地上、墙上涂画各种东西，那么这个孩子可能有绘画的天赋，父母就应该为他购买画笔、颜色和纸，鼓励孩子画画的兴趣，还应该及时带他去观察大自然的风光，开阔孩子的视野。这些都算是对孩子的夸奖，对于开发孩子的天赋十分有益。

喜欢背诵、说话、讲故事的孩子是具有语言天赋的表现。说话特别早的孩子尤其应该引起父母的重视。孩子的语言天赋除了天生之外，很大程度上是后天训练而成的。经常与婴儿"说话"，尽管他可能不会说话，但至少可以激起他对语言的兴趣。

语言能力是人的一种最基本的能力，因此，父母对此要特别加以"夸奖"。孩子小时候说话多，长大了肯定能言善辩。父母对孩子的发音不准、用词不当，绝不能讥笑，应该在他无意中加以引导，给予相应的鼓励。

要明白，孩子说错了话是完全正常的，不说错话才是奇怪的事。只要孩子说话就应该鼓励。

卡尔在 9 岁时就能熟练地运用并翻译法语、意大利语、拉丁语、英语以及希腊语，在很大程度上归功于我对他年幼时的夸奖。

教儿子学会面对失败和挫折

———————

通往天堂之路是漫长的，第一步都是刻骨铭心的，我认为 5 岁是其中的第一步。在儿子 5 岁的时候我就开始培养他各方面的能力了，但我认为更重要的是，从这时起就应该去培养他快乐的性格。

人一生之中会有很多失败，教育儿子学会面对失败、不怕失败，是非常重要的事。很多时候，因为害怕失败而失败了；很多时候，因为不怕失败反而成功了。

害怕失败，孩子的心理压力很大，本来能够做的，轻而易举的事情也做不好、做不了；害怕失败，孩子心里会产生不做不错、多做多错的想法，丧失尝试的动力，以致长期处于无能的心理状态。

我在这方面对儿子很宽容，即使他在某一件事上失败了，我也能够允许他再失败一次。任何人都知道，孩子吮乳、说话、走路，谁也说不清楚，到底失败了多少次，可是最终却胜利了、成功了。这不是对做父母的一个最好的启示吗？

害怕失败的心理不予消弭，久而久之，孩子就会形成一种对事物缄默冷淡或者不参与任何活动的习惯，这对他的健康成长极为有害。这种心理会导致孩子变得自闭、忧郁、阴沉，这样的人怎么会有快乐的性格和美好的人生呢？

无论儿子做什么，只要他不违反固有的原则，不做有损于自己和他人的事，我都尽力支持他去闯去干，在行动上鼓励他去尝试。我认为，只要让他有了不怕失败的勇气，再加上正确的引导，一切都会成功。

对于孩子的失败，这里有几点建议：

1. 站在孩子的立场上来对待这次的失败，抓住这一时机，让孩子真正体会到失败并不可怕，使孩子树立起正确的失败观，做到胜不骄、败不馁，这样的教育才能使孩子坚强起来，相信我们都不希望自己的孩子脆弱不堪，经不起任何的打击。

2. 帮助孩子寻找失败的原因，失败总是有原因的，也许是客观上的原因，也许是主观上努力不够，只有找出失败的原因，从中总结经验教训，才能避免下次的失败。要让孩子明白努力的方向，使孩子看到成功的希望。

3. 鼓励他不要因为失败而丧失信心，告诉他努力了终将会有收获。失败时的孩子更需要的是安慰和支持，绝不是指责和嘲讽。家长的期待和信任对失败的孩子来说，是一种强大的精神力量，能帮助孩子迅速恢复信心，走出失败的阴影。

4. 应该给失败后的孩子新的起点，在孩子的努力过程中不失时机地鼓励他的进步，哪怕进步非常微小，你的表扬和肯定是帮助孩子走出失败沼泽地的最好的精神动力，它们能恢复孩子的自信心，增强孩子面对困难的勇气。

我不赞成父母把孩子本来自己可以做的事全包下来。久而久之，孩子便失去了独立思考的能力。无论何事，都要父母拿主意，这是完全错误的。

对于卡尔，自己能做的事情我总是叫他自己去做。我尽力杜绝他以"我不会"作为借口换取父母的帮助。每当儿子对某件事说不会的时候，我总对他说"我教你"，而不是自己一做了之。

由于儿子在各方面都得到了良好的发展，每当他遇到挫折的时候都会得到我和他母亲的帮助与鼓励，他也从鼓励和夸奖之中逐渐建立起了自信心，直到现在，他的性格一直是健康和快乐的。

把握好夸奖和责备的尺度

在生活中，我经常发现这样的情况：孩子表现出了不良行为，比如打架、浪费、偷东西、撒谎……这时父母着急了，训他，骂他，甚至打他。我认为这样做的结果非但解决不了问题，而且会产生更大的副作用。

孩子的不良行为更能引起父母的注意，他们往往在这些行为上的印象更深。因此孩子往往会选择引起父母注意的行为，而不愿选择父母毫不理会的行为。

有些父母错误地认为，关注孩子的坏行为，对孩子进行惩罚，可以制止不良行为的发展。其实，对孩子来说，这种惩罚都似乎是一种奖励，因为这一行为引起了父母的重视。这就是不少孩子爱恶作剧的原因所在。

父母关注什么行为，这种行为就会逐渐形成孩子的习惯。因此，我认为父母应该多加关注孩子好的一面，对良好行为给予及时的、恰当的奖励，而对不良行为采取漠然处之的态度，让它没有加深印象的机会。

很多父母对孩子好像总是爱责备，而不善于表扬。

有许多父母为纠正孩子的缺点，总是先情绪激昂而后没完没了地责备孩子。有的父母曾找我座谈，说最初"因不责备就不改"而责备，后来因"即使责备也不改"而苦恼，最后又认为"不可救药"而放弃不管了。

一味地责备，不用说孩子，就是连大人也会失去信心的。这样下去，就会逐渐将其培养成为因设法保护自己而产生反抗心理的孩子。

通过责备让孩子做与通过表扬让孩子做，二者对孩子的影响完全不同。因此要用冷静的态度和温暖的心去对待孩子，要注意和发扬孩子的优点。

有人说："处于反抗期的孩子，难以对付。"人本来没有什么反抗期，但因孩子具有旺盛的生命力，若不给予正确引导，就会以"反抗"等形式表现出来。因此说，"反抗期"不是自然形成的，而是由父母方面培植起来的。

如果总责备孩子，任何孩子都会产生反抗的心理。正如能力法则所确定的那样，若给孩子以反复的刺激，就会使孩子逐步形成"反抗"这一能力。例如，常用烈性药物，细菌就会迅速产生抗药性，不久这种药对细菌就会完全不起作用了。同样，对孩子越是一味地责备，其反抗心就越强，最终还是以屈服于孩子而告终。有人对我说："请教给我好的责备方法。"我没有那种好方法。也有人说："现在孩子不听话，难道不责备就算好吗？"我认为即使不听话，也"决不能责备"，要真心实意地、正确地培养孩子的能力。不过，我们要有耐性才行。

在此，我建议那些已经做了父母的人，不要因为孩子的不良行为而专门去教训和打骂，而要去发现孩子的长处。对于那些个性很强、精神旺盛、从不受别人指使的孩子，更加应该这样。父母发现了孩子的长处，尽量对他的良好行为进行夸奖；当他听到父母的夸奖时，一定会变得听话起来。

在对儿子的教育过程中，我发现良好的行为在得到不断夸奖时，这一行为就会不断重复而形成习惯。很多父母可能没有意识到这一点，他们认为孩子的良好行为是自己与生俱来的，是理所当然的，因此无话可说，因此就不想夸奖。其实，孩子良好的行为如果得不到及时的夸奖，孩子的心里不会增加印象，良好的行为就慢慢停止了。

我发现不少的父母甚至在不知不觉中采用了完全相反的做法，对孩子的不良行为给予夸奖。比如对撒娇的孩子给予不恰当的呵护，父母们就在这样的无意之中强化了孩子的不良行为。

对于孩子好行为的夸奖越早越好。孩子年龄越小，实施起来效果越明显，也越容易。我曾经对其他的孩子做过一些研究，当孩子进入少年时代，这种夸奖就有一定难度了，因为少年时代的成长过程中，孩子有一个反抗父母的阶段。为了更好地实施这一方法，父母应该明确区分孩子的情感与行为。孩子的内心世界，如爱、高兴、生气等，是孩子独有的，父母往往对此鞭长莫及。孩子感到高兴或生气，他们自己也无法控制。孩子的行为是外在的，是看得见、摸得着的，孩子自己也能控制。孩子无法控制自己的情感，但是可以控制自己的行为；父母难以控制孩子的情感，但是却可以对孩子的行为施加极大的影响。

我认为，对孩子的夸奖，应针对的是孩子的行为而不是他的情感。

我认为父母应该注意到孩子的行为是指具体的行为，而不是抽象的或分析出来的。那些说不清楚的行为，父母无法施加影响，也无法去加以控制。明白这一点至关重要。哪些行为是说不清楚的行为呢？比如："这孩子尽做些令人最头疼的事情""这孩子爱欺负人""这孩子不负责任"等。哪些行为是具体的行为呢？比如"他打了别人的小孩""他在墙上画了一只小动物"等。

我们应该明白：夸奖的是孩子的行为而不是孩子的情感。应该夸奖具体的行为而不是"说不清楚的行为"。作为父母，主要是对孩子好的行为给予及时夸奖。如果孩子没有做到，千万不要责备。孩子偶然做到就是一个不小的进步。只要孩子表现出良好的行为，父母就应该及时进行正面强化，巩固这种行为。我对卡尔的夸奖，一般有两种方式，一种是情感方式，一种是物质方式。我深深地感到，情感方式往往比物质方式更有效。

情感方式有表扬、亲吻、拥抱等口头或身体的行为。这种方式取之于父母，千万不要吝啬。

物质方式是一种补充方式，如给孩子一块点心等。卡尔每次在这种情况下得到奖励总是欢欣鼓舞，并不在乎奖励的多少。

通过对卡尔的这种教育，我发现他在年龄很小的时候，大部分时候采用情感方式奖励就足够了，特殊情况时再采用物质奖励。

我认为，只要及时地对某一行为给予正确夸奖，这一行为就会在孩子身上不断重复出现，良好行为得到及时的强化和巩固。久而久之，孩子就会养成自然而持久的良好行为习惯。

但是，我何时夸奖卡尔，并不是随意确定的。如果太随意，那么他就无法明确地知道我因为什么夸奖他。我总是在他表现出良好行为时给予夸奖，并且告诉他因为什么事而得到夸奖。

　　每当卡尔开始使用新的且令人满意的方式做事时，我都会及时给他奖励。我认为这样对于培养他的良好行为十分重要。当他学会了新的行为，并且理智地去实施这一行为时，我便不再每次都给予夸奖，而是拉长夸奖的时间间隔，实施间断性或随意性的夸奖。这种夸奖只能偶尔为之，要让他感到意外。

　　我发现让儿子适应偶尔得到奖励的方式，他便会继续表现他的良好行为。因为已经形成习惯，儿子知道怎样做会使我高兴，他也为此对自己的良好行为感到满足和高兴。

　　同样，当在用于惩罚时，情感方式的杀伤力也要比物质方式更厉害。我所做的一般是让孩子明白我为他的行为生气、悲伤或者失望，而不是愤怒地扑向他。一旦这种时候，卡尔总会显得有些羞愧，然后很自觉地改掉错误行为。有时，为了留给他深刻的印象，我会用取消他的度假或其他本来用于奖励的计划以及物质来惩罚他。

让孩子在赏识中成长

————

  我怀着赏识孩子的心态走进教育的区域，在对儿子的教育过程中，我体会到赏识对孩子意味着什么。一个赏识的微笑，就好像阳光照在含苞待放的花朵上。赏识是热爱生命、善待生命，是孩子生命的无形阳光、空气和水。对一个渴望赏识的孩子而言，这可能是他一生的转折点。学会表扬、鼓励和赏识孩子，这是一种无形的力量，能激发孩子的上进心和增强他们的信心。

  虽有很多做父亲的对孩子要求很严格，有错误、缺点从不放过，发现了就及时批评教育。这种不姑息、不袒护、不放任的态度是对的，也体现了对孩子深切的爱，但教育效果并不是很理想。什么原因呢？因为只是一味地批评，不利于孩子的心理健康成长。

  从本性上来说，儿童都是有上进心的，包括那些缺点、毛病比较多的孩子，都希望得到表扬、肯定和鼓励。当他们由于进步或是做了好事而受到父母的表扬和鼓励时，都会在情绪上得到满足，在精神上受到激励，在思想上产生快感。这样，积极的内心体验就会逐步丰富和加深，从而更增加自信心、自尊心和上进心，产生再进步或做好事的欲望。如果孩子总是受批评，总是产生不快的内心体验，他们的情绪就越来越低沉，逐步完全丧失自信心、自尊心和上进心。

这个道理，好像所有父亲都很容易理解，也认为孩子应该多表扬、多鼓励，采取积极诱导的方法，充分肯定孩子的进步、优点和长处，但一联系到自己孩子的实际，做起来就不那么容易了。因为有的孩子平时表现很不错，进步快，优点多，长处显著突出，当然可以多表扬、多鼓励，但如果总觉得自己的孩子没什么可以表扬和鼓励的，总是出问题、犯错误，思想、学习、品德都不怎么好，要表扬鼓励什么呢？有的父亲因此觉得没有必要。

然而，恰恰就是这种孩子才更需要表扬、鼓励、赏识，这样的孩子，平时很少听到表扬的话，而听到的批评太多了，几乎成了家常便饭，思想便越来越消极。这时父亲应该意识到，自己是教育者，对孩子不能感情用事。孩子表现好，进步快，能给父母争光，父母很满意，就成天夸个不停；而孩子表现不大好，毛病缺点比较多，父母总觉得是在给自己丢脸，就怎么也爱不起来，一见到孩子就气不打一处来，这是不对的。

其实，孩子身上总有积极因素，总有所长，只不过是不太显著、突出而已。如果父母不抱成见的话，肯定会发现。

问题是，对于这些孩子，父母总是抱有成见、偏见，从感情上就讨厌，即使有积极的因素也视而不见。抱着这种态度和情绪教育孩子，有的只是批评，然而过多的批评会摧垮孩子的信心，以后就更难教育了。

表现不太好的孩子身上的积极因素表现得不太明显，甚至是潜在的，很难发现，要做到"奖子以长"，父母必须努力克制自己无益的感情冲动，不用直接的批评，而改用期望、信任和鼓励，用正面激励的方法，这样的效果肯定会好。

我的身边就发生过许多类似的事，有这样两位都很关心孩子学习的父亲，当孩子的作业没有做好时，持两种完全不同的态度，教育效果也不大相同：

一位父亲发现孩子作业写得特别潦草，很生气地对孩子说："你的作业太乱，态度太不认真了。真是令我失望，你必须再给我重写一遍！"孩子看到父亲生气的责骂，心里很不好受。不过，父命难违，不得不重写，尽管又重写了一遍，但由于是不情愿而为之，写得比第一次好不了多少。

而另外一位父亲发现了同样的情况以后，虽然也很生气，但他努力克制住了自己的感情冲动。他认为不是孩子不能写好，而是态度不认真。他想，与其批评他一顿，不如激励他。于是，这位父亲态度和蔼而认真地对孩子说："你的作业太潦草，不符合要求，要重写。我知道，要你重写你是不大乐意的。可我为什么还要让你重写呢？因为我相信，你第二遍肯定会比第一遍写得好得多。"孩子一听父亲这语重心长的言语，开头有点儿不高兴，可仔细一想，就深深体会到了严明而慈祥的父亲的期望和信任，这种无形的力量，使他受到激励，促使他很快又重写了一遍，而且，如父亲所期望的那样，写得相当好。

这两位父亲同样是要求孩子重写作业，为什么会出现不同的教育效果呢？就是因为一位父亲是严厉的批评，给孩子施加的是压力；而另一位父亲在批评时带着信任和期望，给孩子的是一种驱动力。

恐怕所有的父亲都希望自己的教育能达到上述第二位父亲的效果，这就需要父亲学会表扬、鼓励自己的孩子。

作为一名父亲，我通过对卡尔的教育，总结出以下关于表扬和鼓励孩子的9条应注意的准则：

1. 要使你表扬和鼓励的语言有变化，避免多余的言辞。

2. 不断地寻找值得表扬的行为。假如过去很少表扬孩子，那么对他的表扬一时不要倾盆大雨，而要自然增多，使你的孩子不感到做作。

3. 真诚的、衷心的表扬，才是最有效的。

4. 当用愉快的表情和声调表扬孩子时，应用眼光注视着他。

5. 通常是立即表扬为好，而且是孩子正在做某件事时效果更好。当然，告诉孩子你还在想着他刚才做过的事情，然后予以表扬，也是有效的。

6. 表扬什么样的行为？例如，孩子完成了适应自己年龄的游戏和任务；服从、合作与能体贴同伴和兄弟姐妹；记住了自己所分担的家务活；减少不合适的行为等。

7. 孩子由于做出了努力而获得了成就，应立即爽快地给予表扬。不要对他们做的每一件小事，都给予过多表扬。

8. 避免在表扬时加上消极的评语或和他人进行对比，或习惯性的批评，致使表扬的作用受到影响。

9. 表扬的主要动机，应该是使受表扬的人因受到赏识而感到愉快。假使你把表扬作为使孩子改变他的行为的一种方法，那孩子就会抵触和感到有压力。夸奖不同于奉承，它是客观的，给人以夸奖并没有想到要得到什么的目的。

没错，你观察事物很仔细。

爸爸，这些蚂蚁像我们一样，都会排队。

夸孩子的好奇心，对孩子创造力的培养十分有益。通过夸奖可以使孩子的好奇心更强。

我认为他画得很好，也许孩子今后真的会栽培出蓝色的苹果呢。现在的苹果是什么颜色，他吃苹果的时候自然会明白的。

你应该告诉孩子苹果是红色的。

孩子的创造力就是在这样的不断地夸赞中培养起来的。如果用要求大人的标准去要求孩子，那么一举手一投足都有许多不合"规矩"的东西。如果对孩子的不合乎"规矩"的行为时时加以"纠正"，那么孩子的创造力就会渐渐消失了。

1. 当孩子有了一些微小的进步或成绩时，你会当场夸奖孩子吗？

_____

_____

_____

2. 在日常生活中，你如何发现并引导孩子的兴趣？

_____

_____

_____

3. 在孩子遇到挫折的时候，你如何教孩子正确面对失败？

_____

_____

_____

4. 在孩子犯错之后，你如何把握责备的分寸？

_____

_____

_____

5. 面对孩子的错误，你会有耐心予以指导吗？

_____

_____

_____

提高儿子学习能力的好方法

第六章

我如何培养儿子好的品德

教育不应当只从智力上着眼，必须力求使受教育者变得更加敏锐、文明，更加宽容、仁慈。

提高儿子对善恶的判断能力

　　如果一个人心底只有善良，只有同情心，那么这种善良的泛滥就很可能淹没他对是非的辨析能力。而且，由于长期缺乏对丑恶不良现象的憎恶和仇恨，缺乏正义感带来的力量，这个人还可能会逐渐向黑暗面妥协，并变得懦弱可欺，甚至在无力维护善良的情况下最终走向善良的反面。真正的品格教育的核心绝不是让孩子去无休止无辨别地奉献，而是在教孩子做一个品德高尚者的同时学会分析判断世间的是与非。只做好人而不辨是非、不憎恨丑恶和不良现象是绝对不可以的。因为这样的好人很容易因为表现出过强的讨好倾向而成为一个毫无原则并且让人蔑视的好好先生。我们要学会善良，更应学会去维护善良。有一天，儿子突然说了这么一句话：

　　"我看那个警察也不像我以前想象的那么好。"

　　"哪个警察？"我奇怪地问道。

　　"就是我们去镇上时常看到的那个在巡逻的大个子。"

　　"你为什么这样说呢？他得罪你了吗？"当时我还真的有些

不明白他的话，便仔细地问他。

"他当然没有得罪我。因为我是尊敬的威特博士的儿子，他对我很好，每次看见我都非常热情地同我打招呼。可他对待别人就是另外一回事了。"

"怎么？他对别人不好吗？"

"岂止不好，简直就是恶劣。那天我见他对待一个进城来的农妇，好像突然之间变成了另外一个人。不，是变成了一个魔鬼。"

"有这样的事？"

"当然，这是我亲眼所见。"

接着，儿子给我讲述了那天他亲眼所见，并对他产生深刻影响的一件事：

"你好，你们可爱的小博士！"大个子警察一见到小卡尔就亲切地招呼他。

"您好，埃尔先生，您在巡逻吗？"儿子也很有礼貌地向他问好。"是的，我在巡逻。""您真是太辛苦了。这么热的天气，您仍然在大街上工作。"

"哦，这没什么。这是我的工作，也是我的职责。现在有很多不规矩的人，有很多坏分子。我可不想让他们来伤害像你这样守本分的好心人。"大个子警察埃尔先生兴致很高地谈论着。突然，他的眼睛像猫看见老鼠一样闪出一道锐利的光芒，接着向前面的人群中走去。

卡尔顺着埃尔先生行走的方向望去，看见一个农妇正在向过往的行人不停地说着什么。

"你在干什么？"埃尔先生一走到农妇的面前就冲着农妇大

吼起来。

"哦，警察先生，"可怜的农妇似乎受了惊吓，战战兢兢地说，"我……我迷路了，我正在向那位先生问路，可他也不知道，您能帮助我吗？"

"什么，迷路了？"埃尔先生眯起他那双略显细长的眼睛，带着怀疑的语气说道："那么你为什么那么紧张呢？我看你不是在问路，而是另有所图。"

"什么？你的意思是……"农妇吃惊地看着他。

"我的意思是你可能有不良的意图。趁我还没有发怒，老实说你到底想干什么？"

"天哪！我有什么不良的意图！不，我只是迷路了。"

"不要装出一副可怜巴巴的样子！你这样的人我见多了。"

"什么？我不明白。"

"你不明白？别装傻了。快说，否则我把你抓起来。"

"不，警察先生。我可是守规矩的老实人。"农妇惊慌地辩解道。

这时，我儿子卡尔走上前去，他想去帮助那个农妇，便对埃尔先生说："哦，埃尔先生，我看这位太太是吓坏了。她只是迷路了，您别这么吓唬她。"

埃尔先生转过身，又换成和蔼的面容，说："卡尔，你真是一个善良的老实人。但你还太小，不能看清他们这种人的真面目。"

儿子不解地看着他。

埃尔先生继续说："这阵子有很多家庭被窃，我怀疑就是他们这种人干的。天知道这个女人是不是盯梢的眼线。我看她那副

122

贼眉鼠眼的模样，肯定不是好东西。"

"可是，您没有证据，埃尔先生。"

"把她抓回警察局就有证据了。"说着，大个子警察埃尔先生就去推搡那位可怜的农妇。在拉扯之中，他将那位农妇的包袱打散在地，什物撒落四处。

农妇就这样被抓进了警察局。

没过多久，儿子了解到那个农妇的确仅仅是个迷路的人，她到这里是来找在城里工作的儿子的。

后来，卡尔还听人说起大个子警察埃尔先生，说他经常欺负那些陌生人和弱小商人，还经常向那些商贩收取非法的费用。据说他把这些钱都拿去赌博和喝酒了。

听完儿子讲述的这件事，我陷入久久的深思。社会上的确有不少这样的人，他们平日里衣冠楚楚，但在骨子里却凶恶至极，天生一副坏心肠。

在那一刻，我感到教会孩子用清醒的头脑看待身边的事物是一件非常迫切的事。

很多时候，我们都需要对生活中的事物做出鉴别，并决定自己的行为选择。我们的孩子在成长后也将面临无数和我们一样的问题。所以，若想真正使孩子建立健全的理性，就绝不能仅仅停留在一些一厢情愿的人生准则上，而应对社会现实保持敏锐的观察力，通过对事物的准确判断做出适当的行为选择。这在一个充满欺骗和诱惑的世界里尤为必要。

用爱陶冶孩子的品行

　　有的孩子不关心人，行为邪恶或残忍无情，这大多是由于家庭的不幸和早期教育的不足造成的。如果希望孩子更加关心和爱护他人，正确的家庭教育和父母的品德和行为是至关重要的。

　　我在教育儿子的时候，不是只让他记住一系列道德规范，因为简单的背诵不会对他的行为产生影响，而是在平常生活的言行中去让他体会真正的爱心、真正的善良。

　　我告诉儿子，做一个高尚的人是最大的幸福。高尚的人能够理解别人的思想，能够体会别人的情感。高尚的人能克制自己，能减轻他人的痛苦，能替他人分忧。

　　卡尔很小就懂得，做一个高尚的人比那种单单是学识渊博的人更能得到别人的尊重。为了使卡尔养成良好的品德，他母亲给他绘制了品德表，一周一张，内容有服从、礼节、宽大、亲切、勇敢、忍耐、诚实、快活、清洁、勤奋、克己、好学、善行。如果儿子做了与这些项目相符的行为，就在那天的一栏中贴上一颗金星；反之，则贴上一颗黑星。每个星期六数一下，若金星多的话，下周内就可得到和金星数相等的书、鲜果、点心等；如果黑星多，就不能得到这些奖品了。

这个品德表，在星期六统计之后也不准儿子将其扔掉，这样做是为了使儿子下决心，在下周消灭黑星。这样就有利于培养儿子积极的心态，因为如果长期保留黑星，会使儿子感到沮丧。

有一天，卡尔独自一人在家，他把我们养的一只小狗拴在屋外的院子里。不久，天下起雨来，但卡尔并没有把小狗带到室内来。小狗在外面"汪汪"大叫，冰冷的雨水使它浑身发抖。这时，他的母亲从外面回来，看到这种情况，赶忙将小狗牵到了屋里，并立刻质问卡尔。

"卡尔，你为什么让小狗在外面淋雨。"

"我……我忘记把它带回来了。"

"可是，你没有听见它在叫你吗？"母亲听他那样说非常生气，因为她知道儿子在撒谎。

"我想它在外面没什么！"儿子为自己辩解道。

"没有什么？那么把你也放在外面去淋一会儿雨，你愿意吗？"

"不愿意。"

"卡尔，你自己不愿意，为什么要小狗去淋雨呢？你看，天气这么冷，小狗也会生病的。把小狗放在冰冷的雨水中，这是多么残忍啊！假若有谁让你去淋雨以致生病的话，做妈妈的会该有多么伤心呀！"

听了母亲的话，卡尔低下了头。他承认是自己错了，并表示以后再也不会这样，一定要爱护小动物。

卡尔的母亲就是从生活中的一些小事开始，一点一滴地培养儿子的善行，并教会他做人的道理。

　　如果你希望孩子长大后具备爱心、同情心以及责任心，那么现在就开始吧，重要的是必须对他们寄予这些希望。我就是这样对待儿子的，当卡尔还很小的时候，我就希望他能够这样。我不会降低对儿子的期望，永远不会担心自己的期望会遭到儿子的反对。我不会因为害怕自己期望的破灭而纵容儿子。我相信我的儿子，我知道他将会是一个很棒的男子汉。

　　无论儿子的年龄有多小，我都把他放在和我一样的位置，从来没有因为他是个孩子而忽略他，也从来没有因为他太小而纵容娇惯他。在我的家庭中，我们是平等的。

　　卡尔在 3 岁时，我便要求他自己的事情自己完成。事实上他也做得非常好。那时，他已经能够帮助母亲做一些简单的家务：擦去桌上的灰尘，帮忙把餐具摆好等。随着年龄的增长，卡尔能够做的事也越来越多。因为帮着家里人做家务，也是帮助他人的一个方面，这是很好的事情。

　　我告诉儿子，帮助别人是爱心的表现，是来自千万人心底里的善良。善良是人掌握在手中的最有力的工具，它具有无穷的力量。接触大自然能使孩子的心地善良，自古以来和大自然感情融洽的人都是心地善良宽厚的人。与大自然接触不仅可以使孩子身体健壮，而且精神也会旺盛起来。城市里的孩子多因远离大自然，很少呼吸新鲜空气而心情不佳或性格乖张。

　　有鉴于此，我尽量让儿子多与自然界接触。在家里时安排他搞园艺，栽培花草和马铃薯等。儿子很喜欢做这些事，每天给它们浇水、除草，观察它们的生长情况，感到非常高兴和有趣。每年夏天则带他到山中森林附近住一阵子。森林对孩子来说是最好的教科书了。每逢晴天，我就带儿子到森林中去玩。我在森林中教给儿子诗人们歌颂自然的诗。在晴朗的天气中，呼吸着新鲜空气，立足于肃静的大地朗诵古人的诗，是非常愉快的。

卡尔还养过小鸟。他有两只金丝雀，一只叫菊花，一只叫尼尼达。他教给金丝雀各种玩意儿。它们能随着小提琴唱，又能站在手掌上跳舞。儿子弹钢琴，小鸟就站在他的肩上。叫它们闭上眼睛，就闭上双眼；读书时叫它们翻开下一页，它们就用小嘴翻到下一页。

此外，他还饲养着小狗和小猫。饲养这些动物时，为了调食、喂水，儿子得高度注意，这培养了他专注的习惯，也培养了他的慈爱之心。

凡与卡尔相识的人都夸他"像天使般的纯洁"。他是个非常虔诚的富于爱、和蔼可亲的孩子。对待自然，不要说动物，就是一朵野花，也舍不得乱摘。

我为儿子的高尚而感到骄傲，能感觉到他内心之中光明的东西，为此我感到欣慰。

让儿子懂得同情和关怀

我和妻子同心协力，下功夫培养儿子在常识、想象力和爱好等方面的能力。我不喜欢没有爱好和常识的人。我还努力培养儿子的情操和情感，使他具备高尚的品德和虔诚的爱憎好恶。

我力图让他学会怎样去爱别人，让他懂得什么是同情，什么是人生最美好的东西。具有同情心的孩子都不会霸道蛮横，能从事对社会有益的事情，比如帮助他人，分担他人痛苦等。这些孩子更能得到社会和大人的喜爱，在学校和日后的工作中会有更多的好机会，成人后更能与朋友、家庭建立起亲密无间的关系。我时常教育卡尔爱的魔力，告诉他爱是上帝赐给我们最伟大的力量。能接受别人、同情他人，他所得到的回报将是无限的。

同情心是一种把自己放在对方所处境况、设身处地地为对方着想的心理，它使人体验和感受到对方的痛苦并产生安慰或帮助对方的想法和行动。

同情心可以说是一切道德的源泉。它滋生爱、信仰、体贴、善良、谦让等一切高贵的品质和行为。

对父母而言，如果想培养孩子的高尚品格，使其善良、富于爱心，最好的办法莫过于从同情心开始：保护他的同情心并刺激其成长。卡尔3岁时，有一次家里来了好多人，他们和卡尔海阔天空地聊天。

这时，我们养的一条小狗跑了进来。卡尔像其他孩子那样，一把揪住小狗的尾巴，把它拉到自己身边。

我看到后，立刻伸手揪住了卡尔的头发，脸色吓人，揪住不放。卡尔吃了一惊，把揪着狗尾巴的手放开了。

在卡尔放手的同时，我也把手放开了。

我问儿子："卡尔，你喜欢被人揪着头发吗？"

卡尔红着脸说："不喜欢。"

"如果是这样，那么对狗也不应当这样。"说完，我就让他到外面去了。

对于儿子这种很不合教育要求的做法，我总会严厉指正。

我之所以这样教育儿子，就是为了让他能够站在他人的立场上来考虑问题，让他出于自己的感受去帮助别人，而不是被某种道德和命令所强迫。由于我严格的管教和指导，终于使卡尔成了一个心地善良、富于同情心的人。他不仅对同胞怀有深情，就是对鸟兽之类也富于怜悯心，最终成为一个能够得到别人尊敬和喜欢的人。

正因为有了同情心，人们才会懂得别人和自己一样需要爱、需要关心，才会懂得如何才能更体贴地照顾别人的心灵，才会懂得不做欺凌弱小的事情，懂得谦恭礼让。

在孩子年幼的时候，不用讲太多的道德理论给他听，这些枯燥的东西不但不易被孩子所理解消化，而且还很可能阻塞孩子自然活泼的天性，只要注意呵护孩子的同情心并适当引导它的成长就可以了。

我曾经告诉儿子，我们每个人都应该关心他人。我们每一个人都受到过别人的帮助，我们应该随时准备着把别人的帮助转为对别人的关心。我竭尽我有限的知识，时常给他讲述那些古代圣人的故事，还有《圣经》中那些关于爱的篇章。

在一个令人心旷神怡的黄昏，和往常一样，我牵着儿子的小手，一边散步一边耐心地解答他那些如潮水般涌来的问题。

一个流浪汉从我们身边走过。没想到，这个流浪汉却引起了卡尔的注意。卡尔抬起头问我："他为什么要流浪呢？他需要什么呢？"我没有立刻回答他，因为对于儿子的问题，我都要给他一段自己思考的时间。这一次，卡尔并没有像往常那样反复追问，而是跑上去追上流浪汉的步伐，向他提问："先生，您为什么要流浪？您需要什么吗？"

"我需要一个面包。"流浪汉哈哈大笑起来，他或许从来也没有想到过一个只有5岁的孩子能够帮助他什么。

流浪汉摇了摇头，继续向前走去。

"先生，请你等一等。"儿子的话音未完，便向家的方向飞奔而去。

流浪汉停下来跟我打招呼："先生，这是您的孩子吗？"

"是的，是我的儿子。"

"多可爱的孩子啊，他真幸运……"

站在路边，我和流浪汉攀谈起来。他告诉我他家乡的情况，给我讲他的流浪生活以及他对命运的感叹。不多久，卡尔气喘吁吁地跑了回来，手里拿着两块面包。他看了看我，我微微点头表示赞许。"先生，这是我和我的家人送给您的。"儿子把面包递到了流浪汉的手中，他的神态和动作似乎都在说，请接受吧。

事后我问儿子："你当时怎么会有给流浪汉送面包的想法？"

"我想您和妈妈都会赞成我的做法，因为您曾经对我说过，人只有在行善时，才能接近上帝。"

很多的孩子，在成长的过程中都能自然而然地产生出同情心，不论是男孩或是女孩。那似乎就是一种天性。随着他们认识能力的成熟，渐渐能区分他人精神痛苦的不同表现，并能用行为表达自己的关心。

但是，随着孩子同情心的发展，父母还应逐步教会他如何正确运用这一高贵的品质。

其中很重要的一点就是注意不要让孩子滥用同情。

我见过许多品行十分优良的父母，他们力图使孩子善良而富于爱心，他们告诉孩子对别人遭遇的困难和麻烦应感同身受，但他们忘记了教孩子如何判断是非，抑或他们自己也不十分善于此道，于是在未来的日子里就会发生这样的情况：一向善良本分的汤姆竟然帮朋友窝藏偷来的赃物；杰西为了避免伙伴艾米回家挨骂，便帮助他撒谎，等等。

不要让孩子滥用同情，同情心毫无约束地发展会导致孩子是非观的模糊和不自觉的懦弱，父母们在鼓励孩子使用同情心之际有必要教他们分辨善恶对错，告诉他们什么值得同情、什么不值得同情。

教育孩子信守自己的诺言

对孩子的信用教育，往往是品格教育中十分关键但又很容易被忽略的一项。因此，事实上，很多父母自身对于信用也缺乏足够的理性认知和实践上的遵守。而实际上这一方面无论对于树立孩子的品格还是在未来事业和生活上的发展都至关重要。所谓四时有序昼往夜来，是天地遵守的信用。言而有信、言出必行则是人应遵守的信用。

许诺就应做到，可是有的时候一些事情的确是许诺者无法做到的，而并非出于情感上的自私或有意反悔。那么，就该尽量避免此类现象的发生，不许诺自己做不到的事。

中尉乔姆讲了这样一个故事：

我很小就爱玩打仗游戏。这种游戏极易引起人的兴趣。每当此时，我都显得特别激动和兴奋。

这一天，我们的计划是要攻破敌人的一个"堡垒"。由于这个"堡垒"位于较高的地理位置——一个废弃仓库的第二层楼，虽然已废弃，这个旧仓库的大门仍然被一只很大的锁牢牢锁住，孩子们要攻入"堡垒"的唯一办法就是要从那扇破败的窗户爬进去。

兰迪——这次战斗的指挥官威严地向我们做了布置："由于敌人的炮火很猛烈，我们必须分批分组发动进攻。乔姆负责率领自己的小分队作先锋，吉米、瑞森的小分队作为第二批进攻者，我负责掩护。"

"行吗？乔姆，那个窗户可比较高哇。"兰迪问道。

"没问题。交给我了！"我充满信心地大声回答。

就这样，"战斗"开始了。

我首先冲了上去，我幻想自己面对着敌人的炮火，或是来回奔跑，或是匍匐前进，或是找掩体躲藏，不一会儿，我便攻到了"敌人"的"堡垒"下。

"第二分队，向前冲锋，去支援第一分队。"兰迪的命令一下达，吉米和瑞森也勇敢地向前冲去。

就这样，我们三个人就像真正的战斗那样勇敢地冲到了仓库的墙前。剩下的事就是要爬进那扇窗户——"敌人堡垒的大门"。

"乔姆，冲进窗户，打开大门，迎接大部队！"兰迪指挥道。

我猛地向窗户扑过去，使劲向上跳，可就是够不到窗户。一下，两下，三下，还是不行。

兰迪着急地问："好了没有，乔姆，敌人已经冲过来了啊！"

可我的个子实在是太小了，就是不能爬到窗户里去。兰迪生气地说："刚才不是问你了吗？你说没问题！你耽误的时间让一个团都牺牲了。"我惭愧极了。中尉乔姆解释道：我之所以对小时候这次游戏念念不忘，是因为在我当兵以后发生了一件几乎完全一样的事。但区别在于那不是游戏，而是真的战争。那个夸口能做到但实际上没做到的也不是我，而是汤米上士。当时敌机轰炸得很厉害，我们需要攻占的目标，对整个战役的胜负起着十分重要的作用。团长布置任务时反复斟酌，后来问道：

"谁做先锋，先抢占目标前面的小山头？"

"我！"急于立功的汤米上士说，"我只需要45分钟。"

"45分钟？你确信能在45分钟内赶在敌人前面抵达那里吗？"

"我保证。"汤米上士说。

但结果呢？汤米上士对周围的地理环境一无所知，绕到了岔路上，整整一个小时，他也没有赶到目标前的小山头。很快，敌人赶到了，在扼守住目标前方的一个小山头后，敌人很快就在目标地点站稳了脚跟。而此后，我们花了整整一个月时间，才重新占领小山头。可以说汤米的许诺葬送了几百名士兵的性命。

在信用遵守中准时是最基本的内容。有些父母可能会说，我们在对孩子的教育中有那么多无暇顾及的方面，准时这样的小事又何必专门挑出来教导孩子呢？

这种提法是不对的。准时虽是小事，却与孩子许许多多其他方面的能力和品格素质密切相关。想想看，一个连约定的时间都不能遵守的孩子又怎么会信守其他的事情呢？不懂得准时的孩子往往无法形成效率生活的概念，做事容易拖沓懒散。并且，不懂得准时的孩子还常常有很强的自我中心倾向，没有尊重别人的自觉意识，所以在实际生活中的合作能力比较差。此外，不懂得准时的孩子在撒谎和轻易原谅自己不良行为的概率上也要高于那些准时的孩子。

我从小就十分注意向卡尔灌输准时的观念，所以卡尔一直很重视遵守时间约定。

有一天，卡尔回到家里，十分疲倦的样子。

妈妈看到儿子绯红的脸颊，摸了摸，发现儿子正在发烧。

"你发烧了，卡尔，赶紧躺在床上，休息一会儿。"

"可是，妈妈，"卡尔无力地说，"我上星期和米吉约好傍晚6点去看木偶戏的，他叫了我好几次了。"

"不过是一场木偶戏罢了。以后看吧。"妈妈心疼地对儿子说。

"不，说好了的事怎么能突然不去呢？"卡尔软绵绵地靠在沙发上，"我休息一小会儿就去。"

"哎呀！那就多休息一会儿吧？我给你冲一杯热饮。"妈妈说，"要不，我给米吉打个电话，告诉他你晚点去？"

"哦，不，妈妈，我等会儿就走，爸爸说了，约好的时间不应该不遵守，也不应该随意变更。"

在日常生活中，家长常常为了诱导孩子做一件事，就轻易许诺，而事后就忘记了。孩子的希望落空了，他发觉家长在欺骗自己，在向自己撒谎。比如，妈妈嘱咐儿子，在家要听话，如果表现好，就赏你甜点心。结果，孩子努力去做，表现得很好，而妈妈星期天有许多应酬，就把日期推后，而且一推再推，最后不了了之。孩子因为妈妈的诺言没有实现，感到失望，并因受骗而愤怒。

因此，教育孩子信守诺言首先得从自己开始。想想看，一个自己做事都出尔反尔、从不信守诺言的父亲或母亲，怎么能教育出信守诺言的孩子呢？因此，从父母做起是十分重要的，一点也马虎不得。

教育孩子信守自己的诺言，可以从生活中一点一滴的小事做起。如卡尔每天做得好，我就如期给一个戈比，若做得不好，是不给钱的。父母信守诺言是为孩子信守诺言做楷模，孩子一旦失诺，这个时候，提醒孩子要信守自己的诺言是十分必要的，也是可行的。因为，孩子自己也知道，如果这次说话不算数，那么明天就不会如愿以偿了。

这是在小事中培养孩子信守自己诺言的方法，在大事情上，也可以运用同样的方法来实行。久而久之，孩子就会变得格外信守自己的诺言了。从小培养信守诺言将使孩子终身受益。

让孩子懂得赚钱的艰难

在儿子的教育过程中，作为对他的奖励，我往往把用钱奖励和写入"行为录"两者兼顾施用。

如果儿子学习好，我就每天给他一个戈比作为报酬。但如果他学习很好，可是行为有过错，那儿子就领不到这一个戈比的报酬了。

常常有这样的情况，当儿子犯错误时，他会主动地说："爸爸，因为今天我犯了错误，所以不要钱了。"这时，我由于激动甚至想给他两倍的报酬。但是为了儿子着想，我不得不抑制住激动的泪花，克制住自己的情感说："是吗？爸爸不知道。那么明天做好事吧。"实际上这时我内心里是难受的，为了表达我对他的爱，这时我常常不由自主地亲吻他。

在卡尔太小，还不懂得用钱的时候，我采用其他的办法。如果他做了好事，第二天起床时，他就能在枕头旁边发现好吃的点心。我会告诉他，这是由于你昨天做了好事，仙女奖赏给你的。假若他做了坏事，第二天早上起来这些东西就不见了。这时，我就告诉他，因为你昨天做了不好的事情，仙女没有来。

如果他脱下衣服，自己不收拾时，就让它一直放到第二天，我们也不收拾，并且绝不拿出新衣服给他穿。

这些做法都是为了让儿子从小就明白好行为有好报的道理。

很多人问过我，为了鼓励儿子的学习，为什么用钱来作为奖励呢？这是我为了让卡尔懂得"学习能带来现世幸福"的含义而采取的一种比较实际的方式。虽然不好意思，但只要儿子学习好，我就每天给他一个戈比。这样做是为了让儿子切身体会到获得一点报酬是多么艰难。

让孩子明白这一点极为重要。

我反对那种给孩子过多金钱的做法，让孩子轻易地得到想要的东西尤其是金钱，会让他产生依赖别人的习性。如果一个孩子在父母那里很轻松地得到金钱方面的奖赏，那种后果是极为可怕的。一方面，他会毫不珍惜地将钱随便花光，不会把钱用到应该用的地方，甚至错误地利用这些钱。另一方面，孩子由于轻松地从父母那里得到钱，他就会产生什么事都容易做到的错误想法，以致长大后不会去为自己的生存奋斗，甚至会变得懦弱和堕落。

我有一位富有的朋友，由于他过分地溺爱孩子，时常给孩子太多的钱。他认为这是应该的，因为他觉得自己很富有，就应该让儿子也过奢华的生活。孩子名叫恩斯特，他的零用钱几乎是卡尔的 10 倍。

由于得到父母给予的丰厚的零用钱，又没有得到父亲的正确教导，恩斯特在花钱方面极为"阔气"，在同伴面前始终有一种高高在上的感觉。他并没有用这些钱来购买对自己有用的东西，也没有用它去帮助那些需要帮助的人。

由于"富有"，恩斯特很快就成了那些坏孩子追逐的对象。他们讨好他，奉承他，经常向他说一些动听的恭维话。恩斯特时常在这种良好感觉之中飘飘然，于是，他就把从父母那里得来的钱随意请他们吃喝，有时还给他们钱。如果那些孩子得到这钱能做一些好事的话，那还说得过去，但我想他们不会那样的。

　　恩斯特的大方得到了那些孩子的"尊重"，很快他就成了他们的头儿。他们听他指使，对他唯命是从。在这种情况下，恩斯特还以为是自己有独特的魅力才会得到他们的喜欢，他并不知道事实并非如此。

　　在和那些孩子交往的过程中，恩斯特渐渐发现了金钱的力量，于是当有的孩子不听他的指令或和他有矛盾时，他就花钱买通别的孩子去打他。时间一长，他变得蛮横无理、心地凶残。有一次，一个农夫因不小心在路上撞了他一下，他就命令自己的手下对那个农夫进行报复。那些孩子在路上将农夫团团围住，用石头打得他头破血流，并且威胁他不能把这件事张扬出去。

　　恩斯特不知道，成天跟随他的那些孩子并不是真的对他好，而只是想从他那里得到好处罢了。他们引诱恩斯特参与赌博，并用事先想好的计谋让他输，用各种卑鄙的手法骗他的钱。可是他根本没有注意到这些问题，还为他们能给他提供新的"游戏"而感到高兴呢。对于输钱他也无所谓，因为他的父亲会不停地再供给他用。

　　可想而知，恩斯特在这种"风光"的童年中怎么会有好的学习成绩。他的乐趣都用在吃好吃的东西、打架和赌博上。学习对他来说只是给父母装装样子！他没有尝到学习的快乐，也没有得到学到知识带来的喜悦。他认为学习是没有意义的事，因为每当看书时他就会觉得头痛，而和那些孩子在一起胡闹时他才会感到自在。

不用说恩斯特会有什么样的将来，他的放纵很快就让他尝到了苦头。渐渐地，他的恶劣行为传到了父亲的耳中，那位被他打的农夫向他父亲告了一状。父亲气愤至极，将他痛打了一顿，并且停止了他所有的零用钱。

顷刻之间，他成了一个"穷人"。

在一次赌博中，恩斯特把剩下的钱都输光了。当他向其他的孩子借钱作赌本的时候，那些孩子翻脸了。他们告诉他："你现在没有钱了，就不要再玩下去。""我们都听说了，你的父亲再也不会给你钱，你用什么来还我呢？"

恩斯特气愤极了，他没有想到平时的"好朋友"忽然之间完全变了样。他和他们争吵起来，并开始动手打架。那些孩子围着他，让他吃够了苦头。其中一个孩子用一块石头砸破了他的头，他正是那个被打的农夫的儿子。

从这件事我们不难看到，孩子的成长与父母有多么大的关系啊。恩斯特本来能够成为一个正直、爱学习的孩子，他有很好的家庭环境，有很好的学习条件。但他不仅没有在优越的环境中向好的方面发展，而且还为自己的恶行付出了代价。我认为，这完全应归罪于他那个愚蠢的父亲。

我曾经把这件事告诉了卡尔。儿子当时气愤极了，说这样的儿子和这样的父亲都是魔鬼制造出来的。他向我表示，一定要好好地利用自己的钱，用它们去做一些应该做的事。

如果你希望孩子长大后具备爱心、同情心以及责任心，那么现在就开始吧，重要的是必须对他们寄予这些希望。

好父母日常家教演练

1. 在日常生活中，你会从哪些方面来培养孩子的对错是非观念？

_____

_____

2. 你最关注孩子身上的哪些品德？你会用哪些方式来培养孩子的
   这些品德？

_____

_____

3. 在日常生活中，你会向孩子表达爱吗？你会鼓励孩子学会如何
   表达爱吗？

_____

_____

4. 在日常生活中，你如何培养孩子的同情心？

_____

_____

5. 你会通过哪些方式来让孩子学会信守承诺？

_____

_____

第七章

我教孩子与人相处的本事

整个一生，我们都有赖于从一些人中获得友爱、赏识、尊重、道义支持和帮助。孤独必败。

避免以自我为中心

我认为，一个再聪明的孩子，如果不懂得如何与人交往，那只能是一个"孤家寡人"式的神童。这种孩子不可能在将来有所作为，即使他是个所谓的神童，也不会做出什么惊天动地的事来。因为一个人只限于自己的知识，而不懂得与人相处，那么他的潜能也根本无法施展出来。这样的话，即使是才富八斗，那也只是个闭门造车的书呆子。

对于卡尔的教育，我一直非常注意对他与人相处方面的培养。为了他能够与别人相处和睦，为了让他成为有很多朋友的人，我曾给他提出必须做到的要求：友爱、协作、大方、开朗、公道、礼貌、自尊、责任心、组织能力等，目的是让他将这些作为与他人相处的准则，让他能够与别人以适当的方式交往。

善于与人交往就会觉得一切都很顺利，反之就会处处碰壁，以致什么事情都做不成。而且，能与别人沟通的人永远是快乐的人，不能与人相处的是孤独和不幸的人。一个无法适应集体生活、不能被同龄群体接纳的学生，常常只有被忽视，陷入无边的孤独中。

那些动辄发火，总是怀疑别人居心不良，或者胆怯、焦虑、畏缩，或者遇事总是别别扭扭、尴尴尬尬，弄得所有人都不自在的孩子，往往是最容易被排斥的人。实际上周围的孩子是否接纳他，关键在于他怎样去接纳别人、适应社会。

由于某种原因，我弟弟的孩子维尔纳曾来我家住过一段时间。他比卡尔小一岁，是他的弟弟。维尔纳非常可爱，我们都很喜欢他，由于他住在我们家，我们不想让他有不自在的感觉，所以卡尔的母亲对维尔纳极为疼爱。这样一来，卡尔就觉得母亲的爱都转到了维尔纳身上。

卡尔在一段时间里认定，在他和弟弟维尔纳的争执中，母亲总是偏袒维尔纳。这是孩子很容易产生的情绪，认为父母的关怀被弟弟分享而产生不平衡的心理。卡尔的母亲则希望卡尔在与维尔纳的相处当中，学会调整自己的心态和举止，消除敌意，学会照顾别人，以后才能处理好与别人交往的问题。

但是面对卡尔的气恼，母亲并没有直接用道理来教训他，或是问他："为什么要跟比自己小的弟弟过不去？"而是郑重地对两个孩子说："我给你们提个建议，以后你们自己要搞好团结，我不干预，你们已经是有理智的孩子了。卡尔，你是不会在感情上伤害弟弟的，对吗？如果你们俩还不团结，再来找我好了。"这样，卡尔母亲就把一个关心者、照顾者的角色交给儿子了。在这以后，卡尔和弟弟维尔纳之间有了更加亲密的手足之情。母亲的提醒使卡尔意识到自己的责任，感受到自己是这家里负责任的一员，从而变得渐渐成熟起来。在这以后，卡尔对弟弟维尔纳百般照顾，除了陪他玩还教他读书，并给他讲有趣的故事。

在一个人的生活中，沟通和理解极其重要。而家庭中对沟通技能、方法的掌握与学习，与孩子未来社会适应能力的高低紧密相连。如果一个孩子从小在家庭中学会了与家庭成员沟通的技巧，当他走入社会时，他也能很快地与他人沟通。

所以父母应当及早打开与孩子沟通的大门，不要只是进行单向性的灌输教育，或用一味地宠爱或责骂制造孩子与父母间的沟通障碍。在沟通过程中逐渐引导孩子换位思考，去设身处地地想想别人的心态和反应，以达到增强孩子理解他人的能力。

孩子加入的第一个团体便是家庭。尽管家庭与孩子的同伴团体不一样，但可以为孩子学会社交技能铺平道路，孩子还不必担心会被拒绝。家庭会议就可以被视作是一个团体，能让孩子有机会扮演不同角色。比如，会议主题是计划旅行时，孩子就可以发表意见，你也应该加以考虑。当讨论某个星期六下午干什么事时，孩子可以当主持人，集中其他人的意见，主持投票，宣布结果等。所以，定期召开家庭会议是很重要的，最好一周一次，以便让孩子学习社交技能，养成乐观自信的性格。如果只在出现大事时才召开家庭会议，这时每个人都不冷静，不但孩子学不到正常的社交本领，而且还会影响孩子性格的培养。

卡尔在4岁的时候，原来是很喜欢水的，对洗澡一直很积极，可有一次不知何故总是不愿意洗澡。晚上睡觉前，我把热水温度调好，过来叫他去洗澡，他总是借故拖延，到卫生间一看到浴盆扭头就跑。

其实孩子是想和我较量一下，看看爸爸到底能把他怎么样。

如何解决这种陷入僵局的事，让孩子配合洗澡呢？千万不能用简单粗暴的方法，硬将孩子抱入澡盆中。孩子不洗澡和我僵持不下，我便先放下这个问题，暂且不洗澡，等卡尔平静以后，再讲明道理。原来孩子是故意与我较劲，由于他还是喜欢洗澡的，并已习惯了按时洗澡所带来的快乐，最后还是高兴地洗了澡，改正了错误。当遇到这种情况时，千万不能求他，在表情和口气上都不能表现出乞求的意思，否则，他会认为这很好玩，和一场游戏一样，可以天天重演。如果父母之间因孩子洗澡发生分歧，事情会更糟，一方要坚持，一方要妥协，面对争执不休的父母，孩子也许会偷笑，由于他的行为引起父母的争论，他会觉得很得意，成了胜利者，从而导致更多的矛盾。

父母在要求孩子做某事时，最先要考虑的是让孩子从心里明白为什么要这样做，他才会心甘情愿。假如孩子并没有从心里懂得父母要求他们的意图，事情往往就不会很顺利。例如孩子的房间很乱，需要收拾一下。这时父母会说，自己的房间自己收拾。按道理，孩子应义不容辞地去收拾自己的房间了，但现实往往不是这样。孩子可能在收拾房间的过程中又发现了什么有趣的事，干到一半就开始玩，把房间搞得比没收拾前还要乱。或者爸爸也许有些不高兴了，就开始大嚷，孩子不听，爸爸就会跑过来打一巴掌，然后逼迫他把自己房间的玩具收拾好，装到盒子里，把枕巾铺整齐等。孩子刚才玩得兴致很高，被爸爸这么生气地干涉后，从内心里很不情愿，结果产生逆反心理。他也许会躲在墙角，任你千呼万唤就是不理睬，甚至顶撞，对父母做鬼脸，就是不去按父母的要求做。对这种情况，建议由爸爸另找时间和孩子进行探讨。问题症结何在？从孩子的本质来讲，是很愿意帮助父母干事情的，因为这样做证明他们有能力。父母应该和蔼地告诉自己的孩子，对他们为父母做的每一件事，都表示感谢，认为孩子已经长大了，懂得帮父母的忙，是件值得庆幸的事。这会使孩子很高兴，会更积极地进行配合。

相互理解的力量

　　许多家庭问题的发生，如家庭成员之间情感的疏离和冷漠、孩子心理上的缺陷等，都与家庭中的沟通有关，往往起源于相互之间不能很好地理解。就拿孩子的撒谎行为来说，很多时候就是在当孩子感到与父母处于不平等的地位，经验告诉他们，父母不愿意与他共同探讨有些事情该如何对待，不愿意去理解他们做的某些事，而会对他们所犯的错误给予严厉的叱责，所以他们就选择不把真话说出来。

　　我认为，成功的家庭沟通，应该注意以下因素：理解、关怀、接纳、信赖和尊重。理解要求父母和孩子双方能够设身处地为他人着想，关怀不但存在于内心，更要切实付诸行动；接纳要求考虑到每个人的个性，懂得欣赏人们身上的优点；信赖是要做到既信任别人也信任自己；而尊重是指尊重他人特别是孩子的权利，尊重他们的意见和选择。

　　有的时候我看到儿子的问题，希望儿子可以主动地认识到，并真正地予以纠正，于是让他也来做一个决策者，我来问孩子："现在有这样的麻烦，我们应该怎么办？"这样的做法更利于建立我与儿子之间的感情，更加有利于增进双方的相互理解。只要双方有了理解，那么一切问题都会迎刃而解。

有一次，卡尔和弟弟维尔纳商量好到田野中去玩。我答应了他们，但是要求必须在傍晚之前回来。可是他们可能玩得太尽兴，天黑之后才回到家。对于他们未在规定时间里准时回来的事，我当时并没有说什么。等他们再次提出类似的要求时，我对卡尔说："有件事令我和你的母亲很担忧，就是在约定好的时间里你们没有回来。那天可把我们急坏了，不知道究竟发生了什么事，你母亲都快要急哭了。你看应该怎么办呢？"由于孩子亲自参与对问题的决定，所以他会很自觉地按照要求去做。后来，卡尔再也没有发生不守时的事。我认为，通过对一个现象或问题的共同协商，父母最后想让孩子明白的是"理解、信任、承诺、准时"等观念的重要。通过协商的方式，最容易让孩子站在他人的立场上思考，也最容易让孩子养成理解他人的习惯。如果面对上述的那些情况，我并没有采用协商的方式，而只是斥责，那么儿子就不会真正地理解父母的一番苦心，甚至还会向相反的方向发展，会变得越来越不听父母的话。

我认为，与人良好沟通的基础是能够理解他人，也就是说，这是一个人与人交往的最基本素质。如果没有人与人之间的相互理解，那么每个人都会固执地从自己的角度出发，认为自己永远对而别人总是错误的；如果把自己限制在狭小的自我之中，那么他就不可能去理解他人，不可能去发现别人的长处，那么与他人沟通就无从谈起。如果孩子长大成人后不能理解他人，不能与他人达成良好的合作关系，那么即使他是一个三头六臂的超人，也不能顺利地做好每件事，只会为自己设下许多无法逾越的障碍。所以我们认为，能够理解别人的孩子才有可能成为一个全面发展的优秀人才。

要建立一种积极健康的家庭沟通交流关系，应该改变父母是决策人、孩子是接受者这样僵化的家庭角色分配。父母在家庭教育中应该懂得进行角色交换，每一个家庭成员都可以对他表述的愿望予以积极的辩解。当孩子能够参与讨论家里通常是成年人的问题时，他们方能够更好地理解父母；而父母一方面可以调动孩子的主动性，使自己清楚地认识孩子的才干；另一方面可以得到有关自己教育的反馈信息。我记得有一次家庭会议上，我们全家人讨论了卡尔所设想的在周末搞一次野炊的计划。他想尝试发挥家长的职能。他选定了野炊的地点，宣布出发的时间，并且对准备的食品提出建议。最后我和他母亲加以表决，以推动计划的进一步展开，大家还不断地在本子上记下些要点。现在，我们的这次家庭会议就如何庆祝节日、馈赠礼品、请客、游玩等活动进行了安排，它成为一个家庭的情感和生活紧密联系的纽带。在家庭会议中，我们对儿子的想法也有一些不同的意见，但我们并不急于提出更正，而是以某种巧妙的方式，让他自己改变看法，再做出正确的决定。

所以，我认为沟通和理解对孩子的成长是最重要的。家庭中对沟通技能、方法的掌握与学习，与孩子步入未来社会适应能力的高低有重要关系。如果一个孩子从小在家庭中学会了与家庭成员沟通的技巧，当他走入社会时，他必定能很快地与他人沟通和合作。同时更重要的是让孩子知道与他人沟通是建立在理解的基础之上的。如果每个人都固执地从自己的角度出发，而骄傲地认为自己永远正确而别人都是不对的，如果把自己限制在狭小的自我之中，那么他就不可能去理解他人，不可能去发现别人的长处，那么与他人沟通就无从谈起。如果孩子长大成人后，还不能理解他人，不能与他人达成良好的合作关系，那么即使他是一个本领很大的人，也会无形中增大来自各方面的社会阻力，不能顺利地做好每件事。所以我认为，能够理解他人是与人交往的最基本素质。只有知道与别人合作的观念和行为，孩子才有可能成为一个较为完善的人。

与各种年龄的成年人都能自由交往

————————

　　在成长的时候，孩子不仅需要不同的小伙伴，也需要不同的成年人伙伴。因为这些成年人伙伴一方面是孩子学习的榜样，另一方面则能从不同的角度给孩子不一样的关爱。如果孩子能有与各种年龄的成年人自由交往的机会，今后就会比较适应经常要与人打交道的成人社会。这些成年人能够成为孩子学习的各种榜样，从他们身上孩子能够学到不同的东西，他们与孩子的不同关系也能教会孩子如何对不同的对象有不同的交往方式，因此这一课对孩子来说是非常重要的。

　　在大的场合，有些孩子因为没有经常与成年人交往，难免有时会怯场。而如果平常多一些这样的锻炼机会，他们就会从容应对，表现自如。让孩子与各种成年人交往也是孩子拓宽自己能力范围一个很好的途径，有时甚至还能够弥补父母的一些缺陷。有些孩子的父母知识程度不高，那么孩子可以通过其他有学问的叔叔阿姨获得这方面的学习；而有些父母太忙了，陪孩子的时间不多，如果孩子自己有一些成年人朋友，他们能像长辈一样地关怀孩子，就能填补孩子情感上的一些空白。

从儿子两岁以后，不论走亲访友还是买东西，也不论参加音乐会还是看歌剧，我去哪儿都带着他，让他从小就与身份各异的人士交往、谈话。这样做的结果是，儿子具有很好的社交能力，从小到大从不怯生、不怯场，越是人多或越重要的场合，儿子就发挥得越好。后来儿子成名后必须出入一些正式场合，与贵族、王公大臣，甚至国王打交道，他都能表现得非常得体，给别人留下了很好的印象。我见过一些在学问上十分优秀的人，因为缺乏经验，出入这类场合时就显得畏缩慌张。

很多时候，孩子会片面地从一个人的举止态度来决定自己是否喜欢或讨厌这个人，我会尽量避免这种不客观心态的产生和发展。

对于他不正确的想法，我会给予他及时的指导，让他多角度思考并给他讲清楚道理。

有一天，卡尔对我说，他不喜欢我们的邻居布劳恩夫人。我问他为什么，他说布劳恩夫人很少笑，一点也不亲切。

我对他说："你不喜欢布劳恩夫人是因为她看上去不亲切，很少笑。可是另外一些事情你也许不了解，布劳恩夫人的心地很好，如果你对她表示友好，她会很高兴的。你们会和睦相处的。"

我认为沟通是一种艺术，有关的时间、地点、环境和方式都要考虑到。比如说孩子有时候希望在心理和情感上保留一些自己的空间或者说他感情波动很大，非常需要安慰，而不是提问时，在这些时候，我会拥抱、抚摸儿子，传达给他沉默而温暖的信号。有时候，对于某些我觉得不便用口头表露的情感，我会把要表达的意思以书面的形式，写在纸条上，这使它们加重了自身的分量，并显得更加真实可信。

孩子学会与人合作的几种方法

在对卡尔的培育过程中，我总结了以下一些关于学会与人合作的方法，这些方法都是行之有效的。

1. 多安排孩子与同龄人在一起

因为同龄人的一举一动是最能与孩子产生共鸣的。父母要利用这一点，尽量创造条件，让孩子与同龄人相处。即使孩子之间发生冲突，父母也要搞清情况，尽量少干涉，因为孩子们之间的冲突，父母处理得再好，也不如孩子自己解决得好。几次吵架之后，孩子们相互就会找到适合自己的"位置"和"角色"，开始快乐地玩到一起了。

2. 鼓励孩子参加特定团体

孩子7岁以后，应该鼓励他们尽可能参加各种类型的团体。父母也许希望孩子参加比较大的团体，那些被同伴拒绝的孩子在这些团体里很少成功，仍然不能被同伴接受。但是，他们却更容易与范围比较窄的团体融为一体，如以某项技能、兴趣爱好、交流指南、社会服务等为基础的特定团体等。这些有主题的团体成员在个性、兴趣和社会技能方面更有可能更加相近，因而孩子们更容易欢乐融洽地相处。

3. 自己加入团体，给孩子做个榜样

父母永远无法过高估计自己作为榜样的力量以及对孩子所能产生的影响。如果父母自己消极对待各种成人活动，那么就该好好考虑参加活动对自己和孩子的好处。孩子会看出他的父亲或母亲的态度，而这点对他会产生很大影响。如果父亲喜欢垒球运动，经常穿着运动衫在屋子里走来走去，并且带着孩子一起参加，孩子肯定会受到感染。相反，如果父亲勉强加入了"父母—老师协会"，每次开会都抱怨不停，并且嘲笑其他孩子的父母如何无知，那么孩子不可避免地会对协会产生负面印象。

当然，要想让孩子充分了解团体的价值，最好的办法便是带孩子一起参加。我们这一带保留了一个很好的传统——邻里俱乐部，每年大家一起举行化装游行。往往是一家几代人同时参加，一起制作服装、演奏音乐、排练戏剧小品等，从中享受无尽的快乐，诱发和培育孩子的乐观性格。对我们这一带的居民来说，俱乐部实际上形成了一个社会网络，几乎和家庭一样重要。

几乎每个社区都有教堂团体、户外活动团体、业余爱好团体，父母和孩子可以一起参加。

4. 提高孩子的社交能力

社交能力的培养也需要从孩子抓起。家中来了客人，教孩子如何礼貌待客，什么是彬彬有礼；孩子有了自己的朋友，父母应该爱屋及乌，为他们提供或创造良好的交往条件，比如聚会、郊游、生日活动等。当然父母更要指导孩子如何择友、交友，在交往中要真诚、坦荡、磊落、大方、不卑不亢。父母要教孩子在客人面前学会介绍自己，如让孩子用乐器表演一首曲子，唱一首歌，画一幅画；孩子得到客人的表扬，会增强自信心，会心情愉快，下次在客人面前就会主动些，慢慢就不会害怕见生人或在生人面前害羞了。

5. 鼓励孩子与人交往

孩子的交往活动，是父母不可忽视的内容。如果缺乏同龄伙伴，那么这样的孩子就会缺乏集体主义的意识，步入社会后也会无所适从，或是不尊重他人，自傲、任性，或是封闭自己，自私、孤僻。

孩子的交往活动，最先是从家庭开始的，与父母亲人交往。然后，随着年龄增长，与越来越多的同龄的或不同年龄的朋友交往。孩子最愿意与同龄人交往，孩子们的伙伴群体交往，是孩子们一种自我教育和自我学习的过程。伙伴群体交往，有益于孩子自我个性的形成，由于伙伴中每个孩子的智慧差异和个性品质不同，有的充当了这个群体的"头目"（指挥），有的充当了"军师"（出谋划策），有的随大流（执行任务）等，每个孩子都自然而然地找到一个适合自己的角度来扮演，并且尽心尽责。这种群体

"游戏"使每个孩子的能力和个性都有了充分展示的机会。因为他们无论做什么，都是"我想做"或"我能做"。在这种群体交往中，每个孩子都会从他人的眼光中发现和认识"自己"，这必然有利于孩子自我个性的形成。父母们不要阻拦或过多参与孩子们之间的交往，孩子们之间自有一套评价朋友好坏的标准，即使孩子们在交往中吃了亏，他自己也会从中吸取教训。比如，有个年龄大的孩子打了年龄小的孩子，或者骗了小孩子一块巧克力吃，下次这个小孩子就学会了自觉防范，"吃了亏"就知道如何保护自己了。作为父母保护孩子一次两次，保护不了三次四次，不如索性放开，让其相互交往。当然父母也要对孩子"心中有数"，要有尺度，把握在一定的安全范围内。

> 弟弟，你不要再撕我的书了，我来给你讲书里的故事吧。

家庭中对沟通技能、方法的掌握与学习，与孩子未来社会适应能力的高低紧密相连。如果一个孩子从小在家庭中学会了与家庭成员沟通的技巧，当他走入社会时，他也能很快地与他人沟通。

> 小卡尔，你今天看起来真帅。

> 谢谢鲍勃叔叔，你今天看起来也很不错。

在成长的过程中，孩子不仅需要不同的小伙伴，也需要不同的成年人伙伴。因为这些成年人伙伴一方面是孩子学习的榜样，另一方面则能从不同的角度给孩子不一样的关爱。如果孩子能有与各种年龄的成年人自由交往的机会，今后就会比较适应经常要与人打交道的成人社会。

1. 你会在孩子多大时开始注意培养他与人交往的能力?

_____

_____

2. 在与孩子沟通的过程中，你会采取哪些方式让孩子接受你的意见?

_____

_____

_____

3. 在某些事情上，你是否会与孩子进行协商?

_____

_____

4. 你会通过哪些方式让孩子学会理解他人?

_____

_____

5. 关于培养孩子的交际能力，你都会采用哪些方式?

_____

_____

_____

第八章

教孩子具备良好的心理素质

情感的自我控制是一个人必备的基本素质，也是一个人走向成熟的心理要素之一。父母对孩子的关心应该是有分寸的，不要过分地呵护，并要培养他在各方面都具有独立的能力。从小培养孩子的自信、独立和勇敢的精神是为了他日后更好地工作、生活。

锻炼孩子的意志

没有谁的生活是一帆风顺的，在我们的生命中总是充满着这样或那样的困难和问题。但有理由相信，挫折和困难正是上帝给予我们的试金石，它淘汰懦弱和无能者，坚强者更懂得人生，懂得如何去完善自己，也获得更多的经验和教训。

的确，从一个人成长的一般规律看，逆境、挫折的情境更容易磨砺意志，顺境当然可出人才，逆境也可出人才。在逆境中经过挫折千锤百炼成长起来的人更具有生存力和更强的竞争力。因为，逆境中奋斗的人既有失败的教训，又有成功的经验，更趋成熟；他们能把挫折看成一种财富，深谙只有失败才可能成功，成功是建立在失败的基础上的，因此更具有笑对挫折、迎难而上的风范。

要拥有坚韧不拔的毅力，首先应有恒心，也就是说在认准一个目标后保持在该目标上的持久注意力。

父母完全可以通过一些具体行为来培养和锻炼孩子的恒心。

在儿子还没有出生的时候，我和他的母亲就决定要把他培养成一个成功的人。尽管当时还无从谈起应努力让他在哪个领域成功，但我们有一点是十分清楚的，就是要想取得成功，只有认准目标，坚持不懈。所以，在卡尔还只能趴在床上蠕动的时候，我们就开始对儿子做持久力的训练。在这一方面，卡尔的母亲做得非常好，只要儿子遇到困难，她就会用各种方法去鼓励他：坚持一下，再坚持一下，直到他取得胜利。

　　在卡尔很小的时候，为了训练他的持久力，他母亲先从他的注意力的持久性开始训练，因为注意力持久是行为持久的前提。为了培养儿子注意力的持久性，他母亲用了一个能够引起儿子注意和兴趣的玩具，一只用布做的黄色的小猫。卡尔的母亲先把那只小猫放在儿子前后左右吸引他的注意力，等到他产生兴趣之后就把小猫放在他伸出手差一点就能够得着的地方，吸引他去抓。当儿子老是抓不着准备放弃的时候，母亲便用手推着他的脚鼓励他：使劲儿！使劲儿……儿子在母亲的鼓励下往往会用力蹬几下腿，尽力地将小猫抓住。在小猫被儿子抓到手后，他母亲就用欢呼和亲吻来庆祝儿子的胜利，让他体验奋斗、成功的喜悦。在卡尔能够爬行的时候，母亲便增加了训练的难度，在他马上就要够着目标的时候，把吸引他的玩具挪到更远的地方，然后鼓励他继续爬着去拿。卡尔的母亲告诉我，这样做既培养了毅力，又练了爬行，实在是一举两得。

　　拥有坚韧不拔毅力的关键是正视生活中的挫折和失败。

　　没有人生活在真空里，困难和挫折就好像我们生活中的冬季一样，无法拒绝，所以我们必须学会怎样度过它。

　　在儿子稍大一些以后，我就开始告诫儿子，人的一生要遇到很多困难和挫折，但他必须成为一个坚强的人。我告诉卡尔，心理承受力差的人很容易被困难打垮，而一个坚强的人恰恰就在挫折中找到了成功的途径。我教育他必须能够接受失败，否则无法养成持之以恒的性格。我教他从一开始就学会忍受失败带来的负面影响，并勇敢地面对它。

我告诉儿子，为了避免失败而逃避工作，是那些劣等性格中最顽固不化的东西。那些坏孩子就是这样，他们通过拒绝参加学习来逃避考试，越是这样，自卑感就越强烈。那些坏孩子为了给自己这种自欺欺人的想法找出正当的理由，他们往往会自我美言，贬低自己不愿意干的事，或攻击勤奋的人"虚伪""愚蠢无知"等。他们会自我安慰，"失败"标志着独树一帜，标志着个性强等，借此给自己创造一份虚假的自豪感。

我尽力教育卡尔懂得一个道理：犯错误，甚至失败都是走向成功的必由之路。关键是要尽自己的最大努力。

在锻炼孩子勇气方面，英国人的做法是值得我们学习的。我听说过这样的事：英国西南部的瓦伊河畔，有一所由少年探险组织建立的河流探险训练中心，专门为孩子们提供进行探险活动的机会，以训练他们的勇气和坚强的意志。

在这里，孩子们每天一早就来到河边，由专门的人负责教他们游泳和划船。训练是艰苦而紧张的，每一次练习都有孩子落水，也有些人受伤。在激流中拼搏，需要具有坚强的意志和勇气。孩子们在这里不仅仅学习了划船等技术，更重要的是锻炼了他们的意志，培养出勇敢的精神，同时也懂得了互敬互爱和团结合作。

在英国很多地方都有类似的活动，目的不是为了学习某种技巧，而是为了锻炼孩子的意志和勇敢精神，为以后的工作和生活做好各方面的准备。

我认为，英国人的这种做法是值得提倡和推广的。

有时候，锻炼孩子的勇气，对父母自己的勇气常常是一个考验。如果父母自身就对困难或对带有一些危险的活动感到害怕，那么这样的父母培养出来的孩子就不可能有勇敢的精神。有些父母仅仅是为孩子的安危担忧而牺牲给孩子锻炼的机会。我认为这样做事实上是很自私的，因为这些父母更多的是为了保护自己的感情不受到万一可能发生的危险所带来的伤害。

在卡尔4岁的时候，我带着他去游玩，在爬一个小山坡时，卡尔显得胆子很小，他一步一回头，不停地看着我，很想让我把他抱上去。我想有意地锻炼他一下，装作没有看见他的暗示，只是不停地向上爬着。因为我知道，虽然是第一次爬坡，可小卡尔是可以爬上去的，这是锻炼他胆量和技巧的一个绝好机会。爬到半坡时，我看出了小卡尔有些胆怯了，不肯再往上爬。

这时，我回过头对他说："卡尔，不要怕，你看爸爸不是已经爬得这么高了吗？没关系的，不会有任何危险，我相信你是个勇敢的孩子。"

卡尔在我的鼓励下，终于战胜了恐惧，最后还是凭自己的努力爬了上去。

后来，同行责怪我，说我不该让卡尔置于危险之中。我对他说："如果卡尔没有爬上去的能力，我是不会让他这样做的。而且，我的目的是要让他成为一个勇敢的人。"

儿子虽然小，但他也可以胜任很多事。如果大人总是提心吊胆地在那里显出担心的样子，那么他本来具有的能力也会被恐惧所吞没，本来有的勇气也会消失得无影无踪。

我发现，卡尔有时很反感别人总是像放风筝似的用绳子牵扯他，他也期望我们不要总是过于细腻地表现出来那种关心，因为这样他会觉得在别的小朋友面前很没面子。看到别的孩子放心大胆地玩耍而自己的父母总是陪着会觉得很厌烦，认为父母多事，对他不公平。我们对他越不放心，他就越气恼，从而产生逆反心理。

很多父母为求保险而对孩子加倍保护，造成孩子缺乏勇气。这种做法是不对的。

我认为父母应该克服这种自私，为孩子的将来着想，应该大胆鼓励孩子去做力所能及的事情，做一个勇敢的人。

让儿子摆脱对我们的依赖感

我反复地强调，孩子自己能做的事，就让他自己去做，千万别替他去做。这是一个很重要的准则。我对儿子的教育一直是按照这个准则去做的。

替孩子做他们能做的事，是对他们积极性的最大打击，因为这样会使他们失去实践的机会，这样就等于对他们说："我不相信你的能力、勇气。"

如此一来，孩子会感到危机、不安全。安全感是建立在能够用自己的能力去对付要处理的问题的基础上。如果孩子不自信，哪来安全感呢？

有个孩子的父亲去世了。他的母亲加倍疼爱他。当孩子4岁时，母亲还是整天喂他吃饭，给他穿衣穿鞋。当他长得再大一些的时候，他仍然不会自己吃饭，不会自己扣衣服上的纽扣，也不会穿鞋。而和他同龄的孩子做这些小事都做得很好，相比之下，他显得手忙脚乱，而且很可怜。有人告诉他的母亲，让他学习自己去做这些事情，因为像他这么大的孩子应该学会穿鞋戴帽。可是他的母亲却说："我爱我的儿子，他现在是我的一切，我宁愿为他做出更多的牺牲。"

这位好母亲并不知道，她这样做对孩子的发育是有害的。实际上她对儿子的爱是对儿子的可怜。她认为她是一个好母亲，她把自己的一切都贡献给了孩子，却不知道她的做法实际是在告诉儿子：你是无能为力的，没用的，不行的。这种超常或过分的爱引起的负效应是很多的。孩子产生了极强的依赖性，他可以什么都不干，不想学习做什么事情，只顾自己玩耍。而有一天妈妈不再这样照顾他，他便会有失落感。

卡尔的母亲在培养儿子自己的事自己做时表现得很好。

当卡尔应该学会自己穿衣服的时候，她就开始让他自己尝试，而并不是替他穿好。她一边指导示范，一边看着他自己穿好。她不催促他快点儿，而是慢慢地说："你可以自己穿上，慢慢来，不行妈妈再帮你。你忘了，你已是一个大孩子了。"如果卡尔还坚持他不能自己穿，她也并不理会这些，继续鼓励他："你肯定能自己穿上。妈妈闭着眼睛数十下，看你能不能穿上。"这时卡尔可能继续下去，也可能开始哭起来，不再做任何努力。母亲这时就不再理他，当卡尔发现他的哭闹并不能引起母亲的同情时，他便继续尝试靠自己解决自己的问题。事实证明，卡尔很快就学会了自己穿衣服。

我和卡尔的母亲就是从这些小事开始培养儿子的独立意识的。

我认为，父母对孩子的过分保护会使孩子失去自信和勇气，久而久之，孩子会产生强烈的依赖心理，并认为自己不能做什么，没有力量。

我在对儿子的关心上是非常有分寸的，从不过分地呵护他，而是培养他在各方面都具有独立的能力。要知道，日常生活中的意外伤害是随时随地存在的，有些磕磕碰碰的事情是不可避免的。对孩子来说，有些时候应该不逃避各种危险，学会去面对、去忍受，因为长大之后的生活环境需要忍受的东西更多。所以从小培养孩子的自信、独立和勇敢的精神是为了他日后更好地工作、生活。

　　我可以肯定地说，一个碰伤的膝盖是容易治愈的，而受了伤的自信心和没被开发出来的勇气是终身难以实现其真正作用的。

　　父母不必事事包办，许多事情孩子自己完全可以做得很好，这一点非常重要。放心地让孩子做自己的事，让孩子认识到"我能行"，能够培养出孩子的自信和勇气。

　　卡尔从小就明白勇气的价值。

　　有一次，他和别的孩子一起做游戏，不小心手指被同伴弄出了血，疼痛异常，实在令他难以忍受。但他在心里告诫自己，一定要忍住。最后，他强忍住快要流出的眼泪，装出一副若无其事的样子，和同伴们继续玩耍。

　　后来，卡尔告诉我，他不能让同伴看到他的软弱，一旦眼泪掉下来，同伴会瞧不起他，也许从此不再和他一起玩了。

　　我一直注意对儿子勇气的培养，也非常欣赏那些力求让孩子变得勇敢的父母。英国人在这方面做得比较好。他们的小学生有所谓的童子军，经常组织小学生探险，在险恶的环境中生存，目的十分明确，就是为了锻炼孩子的勇气和探索新鲜事物的热情，以及在艰苦的环境下生存的本领。

　　某些成年人看来是危险的事情，认为不适合孩子们做的，实际上孩子是可以胜任的，只是父母出于爱心或对孩子的能力缺乏正确的认识，导致阻止孩子去探索新的事物，熟悉新环境，剥夺了孩子锻炼自身的机会。我一直认为，受到过多呵护长大的孩子，自然会具有缺乏勇气的弱点，对他的人生会有不良的影响。

一个人是否具有勇气和自信心，是他能否获得成功的重要因素。我时常对卡尔说："你能行！"这就是要鼓励他充满自信，让他有勇气去做一切他想做的事。

无微不至的关怀往往会造成孩子能力低下，同时也不为孩子全部接受。进入少年的孩子经常与父母发生冲突，有许多情况是对父母关怀他们的一种反抗。他们不愿让别人看到自己是个无能无用的人。他们需要在人们面前显示自己的存在，显示自己的能力，父母的包办自然造成他们的反抗。

在德国古代，儿童被当作独立的成人来对待。贵族们往往让自己的孩子离家到另一个城堡的其他贵族那里进行学习怎样成为真正的骑士。他们认为就是在离家独立成长的过程中，可以使孩子具备一个骑士所应有的素质和知识。可见，对孩子独立意识的重视，是我们民族的一个优良传统，这对我们民族和国家发展何等重要。

其实，注意考虑孩子作为一个未成年人的能力范围和性格特点，但是放手让孩子去锻炼去挑战困难，以培养孩子自立自强的品质，这种传统意识至今并未遭到摒弃，我们周围有很多父母甚至认为这是比传授孩子知识更重要的职责。这种做法应该得到极力推崇。我也是这样教育卡尔的。

孩子在感到不安和无能为力的时候，会习惯本能式地到父母那里寻求慰藉，他们知道父母的爱会给自己以温暖与支持。因此为了确保可以一直获得这种舒适的感觉，有些孩子一直把情感的支点靠在父母身上。而这些人在交出了自己情感领地的独立权的同时，也就不得不接受他人对自己的情绪支配。

一些在此方面有心理障碍的人，情绪上通常高度依赖别人。因为他们没有自我感，自己不能为自己创造心理上的满足。为了支持自我以及在思想、价值和行为上，他们都依靠别人。他们按照父母或其他权威者的样式思考和行动。他们的自我感实际上是他人的反映，而由于他们精神世界的寄生性，所以当他们依赖的权威体系一旦坍塌，他们通常会陷入一种绝望而危险的境地。

我认为，真正具有独立精神的人对自我意识有一种强烈的需要，他们不借助这样或那样的依赖就形成自己的意向，做出他们自己的决定，自我实现的方向指引着他们履行自己的动机和纪律。"伟大的人们立定志向来满足他们自己，而不是满足别人。"

由于这类依赖意识相对而言更具隐蔽性，所以就对父母提出了更高层次的要求。父母必须追问自己对孩子的爱当中是否有这样的成分：固然知道应该让孩子独立，但由于害怕失去孩子，而总希望孩子生活在他们为孩子所设想安排的状态里。

替孩子做太多的事，会使孩子失去实践和锻炼的机会。这是显而易见的。不仅如此，更严重的是过分地为孩子做事，实际上等于告诉孩子他什么也不会做，是个低能儿，他必须依靠父母，否则就不能生活。这种环境中长大的孩子，一旦走上社会便会无所适从，会到处寻找帮助。然而家庭之外是找不到父母式的照顾的，独立意识更无从谈起，这实际上是害了他们。

我教儿子怎样控制自己的感情

———————

　　我们知道，人有多大的力气也不可能把自己提起来，人要战胜自己是一件不容易的事，而能战胜自己就是对自己控制的成功。

　　情感和欲望的自我控制是一个人必备的基本素质；也是一个人走向成熟的心理要素之一。我们认为，要想让孩子学会控制情感，必须以毒攻毒，用以情感为基础的解决办法来解决情感问题。

　　我曾经用一种"平静下来"的巧取火柴棍的游戏用以训练卡尔加强自我控制的能力：面对一小堆散乱重叠在一起的火柴棍，卡尔全神贯注，要把最上面的火柴棍一根一根地取出来，并且不碰动其他的火柴。因为他太专心，他的手都有些发抖。这时，我对着他的耳朵吹了一下，弄出点噪声，并不停地与他说话逗他，试图分散他的注意力。但卡尔完全不为所动，慢慢做深呼吸，放松肌肉，眼睛紧紧盯着目标。他知道，要想赢得这场游戏，就必须不受我的影响，集中注意力。他暗暗告诉自己："只看眼前的目标。"果然，他把每一根火柴棍都取出来了，而且没有碰动其他棍子。

我认为和卡尔玩的这种"平静下来"的游戏，可以帮助他应对别人的干扰。这个游戏的规则是要求参加者在一定时间内从一堆火柴棍中移走一根，不能碰动其他火柴棍。

虽然内容很简单，但需要参加者能集中注意力，具备很好的动作协调能力，目的是教会儿子情感控制技能。卡尔玩时，我可以在一旁以任何方式取笑他，但不能碰他。每取出一根火柴棍，得一分；如果对取笑毫无反应，就得两分。

我认为，此种游戏对教会儿子情感控制技能很有用。儿子在遭到我取笑时，光告诉他怎么做是不够的，同时还要告诉他应该学会控制住自己的情感。

训练儿子认识和了解情感在身体上的反应非常重要。这样他就能逐渐学会自我控制。

当孩子生气时，脸色通红，身体发紧，处于过度紧张状态，在姿势、面部表情和体态上都有表现。而这种"平静下来"的成功的训练方法是要孩子首先认识这些标志，然后通过深呼吸、分散注意力等方法，使自己的身体平静下来。

有了好的控制能力，孩子就会正确地认识自己，并且对周围的干扰无动于衷，以一种轻松的心情面对一些不好的事情，而不是一怒而起。这对他们在学习和生活上都有极好的作用，并能够在将来的生活中处理好一切人与人之间的关系。

让儿子的心中充满光明

　　有些父母由于某种原因，或是为了管教孩子，或是因为闲着无聊，给孩子单纯的头脑中灌输恐怖和迷信的故事，让孩子从小就失去了探求真理的信心。他们的做法使孩子不能正确地判断周围的一切事。本来孩子因为幼小而脆弱，他们正处在需要帮助的时候，而那些迷信的认识却将他们的思维引向了歧途。

　　在幼儿时期灌输到孩子头脑中的恐怖和迷信等，如同病菌一样，会在孩子的内心之中恶劣地蔓延，是致使孩子精神异常的病因。所以，我坚决反对给孩子讲幽灵、恶鬼、地狱、妖怪之类的故事。用这些故事来恫吓孩子则是有害的。它直接影响到孩子形成光明的内心世界，也直接阻碍了孩子的健康成长。

　　生活中，特别是在民间给予孩子以恐怖和迷信等方面的影响很多，所以我们要采取各种防范措施，尽力不要让它们给孩子带来极其不良的影响。我认为，对于那些不良的东西，不仅仅要预防，还要给孩子采取免疫的办法。让孩子在干干净净、没有病毒的精神世界中健康发展。这样，孩子就会像种上牛痘、打上预防针一样，

174

即使碰到精神病菌，他们受到的毒害也少。

据我所知，一个人精神异常的主要原因之一就是在幼儿时期被灌输了恐怖和迷信等东西，这些东西一直会在人的头脑中作怪。甚至长大成人之后，也会时常受它们的困扰和危害。我曾经就这事请教过精神病专家，他告诉了我外行想不到的数字：有几百万被称为机能性精神病患者的人，他们的病因大多是在幼儿时期遭到过惊吓，或遇到过恐怖的事，或是听说过让他永远无法忘记的恐怖故事。他还告诉我，如果小时候教育得法，是可以避免的。而且，得法的教育会使机能性精神病大大减轻。由此看来，除了医学，教育就是拯救人类的主要手段了。

为了让我弄得更明白，那位热心的精神病专家还特地让我见到了他的病人。其中有一个 26 岁的青年，他的病叫抑郁症。他陷入了自己犯有不可饶恕的罪行的胡思乱想中，认为自己将来一定会被打入十八层地狱永世不得翻身。他就是被这样一种恐怖缠身，样子非常可怜。医生对他的病情进行了分析，了解到是因为在他 5 岁时，在学校里被一个无知的女教师灌输了地狱的恐怖情景所致。

还有一个抑郁病患者，她是一位牧师的妻子。她什么都怕，怕天黑，怕黑暗的地方，不敢一个人待着，夜里不敢睡觉，睡着便做噩梦。因而，她骨瘦如柴，只有眼睛还有点儿光泽，令人怜悯。医生告诉我，他曾将她的病进行了一番细致的分析，最后证明，她同样是因为小时候，教会的某个牧师总是给她讲恶鬼的故事所致。

当我听到这样的事，顿时感到悲哀。牧师的职责在于帮助他人从黑暗之中走向光明。可是我的那位同行却做了相反的事；他的愚蠢做法，他的那些鬼故事，把一个本来善良的人引向了黑暗。他不是一个尽到责任的牧师，简直是一个罪人。我想他才会真正被打入十八层地狱。他的做法，上帝是永远不会宽恕的。

我给儿子讲过许多故事，但从来没有给他讲过那些可怕的东西。我只给他讲有益于身心健康的光明的故事。我让他在故事中体会人生，让他懂得做人的道理。

有一次，卡尔问我世界上有没有魔鬼。我对他说既可以说有，也可以说没有。他觉得我的回答很奇怪，因为我没有给他确切的答复。

"我认为是有的。"卡尔说。"为什么呢？你见过魔鬼吗？"我问儿子。

"没有见过，可是人们都说有。"

"既然没有见到过，你就不能说有，因为人只相信亲眼见过的事物。"

"可是，为什么人们都说有呢？"

"因为，那是无知的人瞎猜想。"我说道。

"那么，爸爸，你为什么说又有呢？"卡尔一定要把这件事问明白。

"其实，魔鬼只会存在于人的心中。"看着儿子那副认真的模样，我认为有必要给他说清楚其中的道理，"善良的人，心中没有魔鬼；而那些坏人，心中就一定有魔鬼。你看那些无恶不作的坏人，他们不就和魔鬼一样吗？他们整天无所事事，还要做些有损他人的坏事，他们不是魔鬼又是什么呢？"

"儿子，你要记住，一个人心中充满光明，正直地做人，能

176

够帮助别人，尽力行善，为他人着想，那么他就是天使。如果总是想着自己，只干坏事，那么他就是魔鬼。一个人只要心中光明，就能战胜邪恶，就能战胜无恶不作的魔鬼。"

"爸爸，我明白了。世界上是有魔鬼的，就是那些无恶不作的坏人。我一定要做一个正直的人，那么我就不怕魔鬼了。"卡尔神采飞扬，他不但解开了心中的迷惑，还懂得了做人的道理。良好的教育能够培养起人光明的内心世界，能够树立起孩子的信心，并能使孩子成为一个快乐的人。而那些愚蠢和无知的教育只会把孩子引向黑暗的深渊。

恐惧是儿童的一种普遍心理。不仅仅是幼儿，不少年龄较大的儿童即使在家中也会感到恐惧。除了诸如怕黑或怕生病之类个人的恐惧外，还包括社交性的恐惧：害怕不被整个家庭或者家庭中某个特定的成员接纳，害怕因此丢脸或者遭到遗弃。

一般来说，这种以家庭为基础的恐惧常常十分明显，而且相当容易确定。比如，一个6岁的怕黑的男孩，晚上因墙上的阴影可能会大声尖叫；而害怕失去父母的爱的女孩可能会黏着父母，无论何时父母离开她都会大惊小怪。在这些个案中，原因和结果都相当明显。

其他时候，也许孩子害怕某些东西也是十分明显的，人们却无法确定恐惧的本质。比如，一个10岁的男孩故意回避去农场看祖父母，可能是因为害怕他们，害怕他们的农场工人，害怕经过农场路上的高耸的桥，害怕农场的马，或者是上面这些恐惧的任何组合。

不过，即使以家庭为基础的恐惧也可能完全是私下的，偶尔观察孩子的人是无法察觉的。因为孩子特别是稍大一点的孩子可能会尽力维护他个人的尊严，这会使他尽可能或者避免泄露恐惧的真实本质，或者尽量待在不会无意在他人面前流露出那种恐惧的环境中。

帮助孩子及时地适当地处理恐惧的关键是，要一直对他的生活中发生了什么保持尽可能多的了解。在不让孩子感觉你侵犯了他的隐私的前提下，要保持和那些作为他生活中的见证人的成年人及时沟通：教师、保姆和你孩子朋友的父母。这些人能为你提供你的孩子可能面临的恐惧的有价值的线索，而且在帮助孩子克服这些恐惧时他们也是非常有价值的同盟者。

最重要的是，你要尽量培养和孩子之间的这种关系，它可以使你很容易地阻止恐惧，或者可以使孩子在和你谈论它们时感觉更加舒服。这就需要在把孩子看作独立的个体和依赖你的个体之间达到某种平衡。你不仅需要给予孩子一定的独自面对恐惧的自由，也要确信你的孩子承担的恐惧不会超过他能够适当处理的限度。

◇ 培养心理素质 ◇

> 不要怕，不会有任何危险，我相信你是个勇敢的孩子。

很多父母为求保险而对孩子加倍保护，造成孩子缺乏勇气。为孩子的将来着想，应该鼓励孩子去做力所能及的事情，做一个勇敢的人。

> 你可以自己穿上，慢慢来，不行妈妈再帮你。别忘了，你已经是一个大孩子了。

父母对孩子的过分保护会使孩子失去自信和勇气，久而久之，孩子会产生强烈的依赖心理，并认为自己什么事都不能做，没有力量。

好父母日常家教演练

1. 你会通过哪些具体的行为来培养孩子的恒心?

_____

_____

2. 当孩子特别依赖父母的时候,你会如何让孩子摆脱依赖习惯?

_____

_____

_____

3. 在日常生活中,你会通过哪些具体的方式来培养孩子的勇气?

_____

_____

_____

4. 有很多小游戏可以培养孩子的注意力,请试着举出 3 个例子。

_____

_____

_____

_____

5. 你会采用哪些方式帮助孩子面对恐惧?

_____

_____

_____